农牧类专业用

专业论文写作教程

主　编　王永娟　左伟勇

主　审　吴敏秋

副主编　郭长明　郭方超

编　者　袁　橙　高月秀　董亚青　顾建红

科学技术文献出版社

SCIENTIFIC AND TECHNICAL DOCUMENTATION PRESS

·北京·

图书在版编目（CIP）数据

专业论文写作教程 / 王永娟，左伟勇主编. —北京：科学技术文献出版社，2018.8（2024.9重印）

ISBN 978-7-5189-4768-3

Ⅰ.①专…　Ⅱ.①王…　②左…　Ⅲ.①科学技术—论文—写作—高等学校—教材　Ⅳ.① H152.3

中国版本图书馆 CIP 数据核字（2018）第 195359 号

专业论文写作教程

策划编辑：孙江莉　责任编辑：李　鑫　马新娟　责任校对：张吲哚　责任出版：张志平

出　版　者	科学技术文献出版社	
地　　　址	北京市复兴路15号　邮编 100038	
编　务　部	（010）58882938，58882087（传真）	
发　行　部	（010）58882868，58882870（传真）	
邮　购　部	（010）58882873	
官方网址	www.stdp.com.cn	
发　行　者	科学技术文献出版社发行　全国各地新华书店经销	
印　刷　者	北京虎彩文化传播有限公司	
版　　　次	2018 年 8 月第 1 版　2024 年 9 月第 3 次印刷	
开　　　本	787×1092　1/16	
字　　　数	145千	
印　　　张	6.5	
书　　　号	ISBN 978-7-5189-4768-3	
定　　　价	38.00元	

前　　言

　　毕业论文环节是高职高专院校实现教学培养目标的重要环节，通过毕业论文撰写，在培养、提高、检查学生运用基本知识，分析与解决问题等方面，有着不可替代的作用；对高职院校加强教学建设，提高教学质量，检验教学效果具有重要意义。目前很多高职院校都开设了毕业论文必修或选修课程，为学生的毕业实践、毕业论文质量的提升起到了关键作用。本教材以毕业论文（设计）写作流程为线索，对选题、资料搜集、起草与修改、发表及答辩等环节进行系统地介绍和阐述，同时强调了毕业论文（设计）创作中应掌握的技术规范和应遵守的学术道德规范。附录包括常用单位缩写与换算及优秀专科毕业论文范本等。在编写本教材时，吸纳了其他专业类教材的编写经验，同时突出畜牧兽医类专业的特殊性，注重学科的交叉性和实践性。本教材适用范围为高等农牧职业专科院校的动物医学、动物科学、畜牧兽医、动物防疫与检疫等专业的学生，同时也可供其他专业的老师、同学参考。

　　毕业论文的写作涉及的知识面广，需要各种知识的学习与积累，在此衷心感谢在本教材编写和出版过程中提供帮助的各位老师、学生和出版社各位领导。

　　由于编者水平有限，书中难免存在不足与错漏，衷心希望各位读者提出宝贵意见。

目　　录

第1章　毕业论文（设计）概述

学习撰写毕业论文的基础首先是了解毕业论文的基本程序。本章概述了撰写毕业论文的目的及开展毕业设计的意义、毕业论文的一般程序，并对高职高专类兽医专业毕业论文的基本内容进行了介绍。

第1节　撰写毕业论文的目的及开展毕业设计的意义

一、什么是毕业论文

毕业论文是学生在指导教师的指导下，在某一专业领域进行实验性、理论性或观察性的学术活动，得到的科学研究成果或提出的见解。从形式来看，毕业论文是高等院校毕业生所提交的一份具有一定价值的文章。

学生在学校完成教学计划的各项要求后，经审核准予毕业，其课程学习与毕业实践、毕业论文的成绩，能够表明已较好地掌握本专业的基本知识和技能，并有从事本专业工作的初步能力，因此，撰写毕业论文是在校大学生最后一次对自己已有知识的全面检验，是对自己基本知识、基本理论和基本技能掌握与提高程度的一次总测试。

高职院校学生在学习期间，已经按照教学计划的规定，学完了公共课、专业基础课、专业课等课程，且每门课程也都经过了考核。毕业论文是最后一个环节，是着重考查学生运用所学知识与对某一问题进行探讨和解决的能力，通过这种方式，学生可以很好地检验自己的专业知识水平。写好一篇毕业论文，既要系统地掌握和运用专业知识，又要有较宽的知识面，并有一定的逻辑思维能力和写作功底。另外，大学生毕业后，不论从事何种工作，都必须具有一定的写作能力，如撰写调查研究、总结、报告，起草工作计划等，为此就要学会收集和整理材料，能提出问题、分析问题和解决问题，并将其结果以文字的形式表达出来。

撰写毕业论文的过程更是训练学生独立进行科学研究的过程。通过撰写毕业论文，可以使学生了解科学研究的过程，掌握如何收集、整理和利用材料，如何观察、调查、做样本分析，如何利用图书馆检索文献资料，如何操作仪器等方法。撰写毕业论文是学习如何进行科学研究的一个好机会，因为它不仅有教师的指导与传授，可以减少摸索中的一些失误，少走弯路，而且直接参与和亲身体验科学研究工作的全过程及其各环节，是一次系统的、全面的实践。

撰写毕业论文的过程，同时也是专业知识的学习过程，而且是更生动、更切实、更深入的专业知识的学习。首先，撰写论文是结合科研课题，把学过的专业知识运用于实际，在理论和实际结合过程中进一步消化、加深和巩固，并把所学的专业知识转化为分析和解决问题的能力。其次，在收集材料、调查研究、接触实际的过程中，既可以印证学过的书本知识，又可以学到许多课堂和书本里学不到的新知识。此外，学生在毕业论文写作过程中，对所学专业的某一侧面和专题做了较为深入地研究，可以培养学习的志趣，这对于他们今后确定具体的专业方向，增强攀登某一领域科学高峰的信心大有裨益。

二、开展毕业论文的意义

毕业论文环节是高职高专院校实现培养目标的重要环节，通过毕业论文撰写，在培养、提高、检查学生运用基本知识，分析与解决问题等方面，有着不可替代的作用，对高职院校加强教学建设、提高教学质量、检验教学效果具有重要意义。

（一）检验总体知识与技能水平

毕业论文环节解决学生综合运用所学专业知识与基本技能在解决问题的过程中对某一问题进行探讨，解决毕业论文中的相关问题，提高分析问题、判断问题、处理问题与正确决策的能力，不仅是大学生几年学习成果的总结与综合考查，而且有助于提高大学生对书本知识的运用。

（二）掌握信息检索与利用的综合能力

文献信息资源的检索与利用始终贯穿毕业论文的全过程，系统地收集和全面阅读文献信息，是毕业论文提出问题、分析问题和解决问题的基础，毕业论文从开始选题、调研、开题报告撰写、文献综述，到最终完成毕业论文的一系列训练，对提高大学生信息检索与利用的综合能力意义重大。

（三）提高行文动笔及文字表达能力

掌握与运用专业知识是完成一篇好的毕业论文的基础，同时需要具有良好的逻辑思维与文字表达能力，每个学校、每个专业都按照国家对论文的写作要求制订了相应的写作规范，这是要求每位大学生必须掌握和执行的，通过对规范的学习和自我实践，为今后走向工作岗位或继续深造打下良好的基础。

第2节　毕业论文的种类和基本内容

毕业论文从文体上讲，属于议论文，即证明作者的观点、方案、方法正确性的一种论文形式。毕业论文从内容来讲，大体分为三种情形：一是作者通过自己的实验或成果来解答相关问题；二是作者根据自己的调研与研究综合现有的观点，指出需要进一步探讨的问题；三是对所提出的问题，用自己的研究成果给予部分或全面的解答。

一、毕业论文的种类

毕业论文是学术论文的一种形式，为了进一步探讨和掌握毕业论文的写作规律和特点，需要对毕业论文进行分类。由于毕业论文本身的内容和性质不同，研究领域、对象、方法、表现方式也不同，因此，毕业论文就有不同的分类方法。

按内容性质和研究方法，可以把毕业论文分为理论性论文、实验性论文、描述性论文和设计性论文，后 3 种论文主要是理工农医类大学生可以选择的论文形式，而文史科大学生一般写作的论文形式为理论性论文。

按议论的性质可以把毕业论文分为立论文和驳论文。立论性的毕业论文是指从正面阐述论证自己的观点和主张，一篇论文侧重于立论，就属于立论性论文，立论文要求论点鲜明、论据充分、论证严密、以理和事实服人。驳论性毕业论文是指通过反驳别人的论点来树立自己的论点和主张，如果毕业论文侧重驳论，批驳某些错误的观点、见解、理论，就属于驳论性毕业论文。

按研究问题的研究范围可以把毕业论文分为宏观论文和微观论文。凡属国家全局性、带有普遍性并对局部工作有一定指导意义的论文，称为宏观论文，它研究的面比较宽广，具有较大范围的影响。反之，研究局部性、具体问题的论文，是微观论文，它对具体工作有指导意义，影响的面窄一些。

另外还有一种综合型的分类方法，即把毕业论文分为专题型、论辩型、综述型和综合型四大类：

（1）专题型论文。这是在分析前人研究成果的基础上，以直接论述的形式发表见解，从正面提出某学科中某一学术问题的一种论文。

（2）论辩型论文。这是针对他人在某学科中某一学术问题的见解，凭借充分的论据，着重揭露其不足或错误之处，通过论辩形式来发表见解的一种论文。

（3）综述型论文。这是在归纳、总结前人在某学科中某一学术问题已有研究成果的基础上，加以介绍或评论，从而发表自己见解的一种论文。

（4）综合型论文。这是一种将综述型和论辩型有机结合起来写成的一种论文。

二、毕业论文（设计）的基本内容

大学生的毕业论文是注重对客观事物进行理性分析，指出其本质，提出个人的学术见解和解决某一问题的方法和意见。毕业论文就其形式来讲，具有议论文所共有的一般属性，即论点、论据、论证。文章主要以逻辑思维的方式展开论述，在强调事实的基础上展示严谨的推理过程，得出信服的科学结论。

（1）论点。论点是文章所要议论、阐述的观点，是作者要表达的看法和主张。一篇文章的论点可以是一个，也可以是多个，但多个论点必须明确中心论点。对于理科的学术论文，一般把论点放在结论部分。

（2）论据。为证明论点而使用的基本素材或依据都是论据。其主要类型包括事实的材料和理论的材料。事实的材料可以是从具体的事例、统计数字、实验中所取得的数据和结果。理论的材料可以是经典的著作、前人研究的结果或结论等。

（3）论证。论证是用论据证明论点的过程，其目的在于揭示论点和论据之间的内在逻辑关系。基本的论证方法包括归纳法、演绎法、比较法和驳论法。

一般来讲，选题的背景、意义、发展综述、实验方案与方法、实验结果等都是一篇论文的论据。采用一定的方法，如数据统计、图表、曲线等对研究对象进行相关分析、说明、证实的过程就是论证。经过科学的论证得到的结论就是论文的论点。同时，必要的附录、参考文献也是一篇论文必不可少的组成部分。

第3节　毕业论文的一般程序

毕业论文是教学过程中的最后一个环节，一般在学生毕业最后一学期开展撰写，有些高职高专院校在此之前一学期就开始毕业实习阶段，对这项任务就已经进行了部署与安排。毕业论文也是学业成绩考核和评定的一种重要方式，目的在于总结学生在校期间的学习成果，培养学生具有综合地创造性地运用所学的全部专业知识和技能解决较为复杂问题的能力，并使他们受到科学研究的基本训练。毕业论文写作的一般程序有6点：①选定论题，②搜集资料，③实验调研及拟定提纲，④撰写初稿，⑤修改初稿，⑥论文定稿及答辩评议。

一、选定论题

选题是在指导教师的指导下，根据不同专业特点，选择有理论和现实意义的论文命题，使其论文形成后既有理论支撑，又与生产实际相结合。

二、搜集资料

按照确定的选题和内容，进行系统的文献检索，查阅与论文相关的国内外各种文献资料，了解发展趋势和规律，通过各种方法搜集大量的资料，能为毕业论文的写作提供可靠的依据与基础。搜集资料阶段的成果是形成文献综述。提纲是论文设计的框架，拟定好的提纲对于整体论文的谋篇布局，章节设计非常重要，好的提纲对之后的工作及行文都有较好的帮助。

三、实验调研及拟定提纲

按实习要求及工作计划，认真开展实践、实验、调研等工作，收集及整理一手资料，采集并统计各种数据，为将来形成论文打下坚实的基础。拟定提纲的作用很关键，现实中，有不少人都有这样的感受：当某种思想在头脑中奔涌，感觉已经酝酿成熟，满怀激情拿起笔想写出来，但是一旦动笔，思想却在笔头上凝固起来，写不出来或写不下去；或者是在一项科研任务行将结束时，脑子里装有许多材料，观点已经形成且有价值，想写但就是无从下手。出现上述情况的主要原因是没有事先拟定好提纲，论文框架没有打好，使整个论文的谋篇布局、章节设计都出现了问题。因此，提纲编写的越仔细，以后的写作工作就会越顺利。

四、撰写初稿

论文的初稿要按照论文的组成部分和拟定的提纲分层次（部分）编写，原则上要按照论文的先后逻辑顺序完成论文引论、本论和结论（或结尾）的拟稿工作，以及主要参考文献的罗列工作。撰写初稿时要求做到：尽量提高撰写初稿的质量，切实做到以论为纲、观点与材料统一、逻辑思维严谨、论文层次清晰、文字表达精炼。

五、修改初稿

初稿写成后，需要反复推敲、修改、使文稿不断完善，提高论文质量。修改初稿是提高认识和提高论文质量，以便更好地完成毕业实践任务的一个重要程序。修改初稿首先应通读初稿，以找出初稿存在的问题和缺点；其次修改并调整结构，之后进行内容上的修改、补充与调整；再次逐一审读和修饰论文内容的段落、句子、字、词和数据等，以使其符合论文规范的要求。

六、论文定稿及答辩

编写的初稿在按照拟定提纲的要求反复修改、补充与校核对后方可定稿。作者判断定稿的标准是论文的观点（中心论点、基本观点和具体论点）正确，论据（理论和实践依据）合理，结构（文章体系）严谨，文字通顺，资料真实。论文定稿后，还要认真做好誊正、校对和署名等技术性工作。定稿后按照学校对毕业论文答辩的要求，精心准备参加答辩，以圆满完成论文答辩工作。

以上阶段往往会穿插进行交替展开，无论哪一阶段，毕业生都要与指导教师密切联系，随时接受指导，随时改进方案。

第 4 节　撰写毕业论文（设计）的原则及基本要求

毕业论文活动开展的情况，反映了高职院校教学方面的水平和办学质量，因此绝大多数高校对此都有一整套规定或规范。下面以江苏农牧科技职业学院为例，简要介绍其制订的毕业论文撰写规范。

一、毕业论文指导教师条件

（1）指导教师必须具有讲师、助理研究员或工程师等中级及其以上职称。教授、副教授等相应高级职称的人员应占一定的比例，初级职称人员可协助指导教师工作。

（2）指导教师应为人师表、履行职责、严格要求、及时指导，注意充分发挥学生的主动精神和创造精神，培养学生认真严谨的态度和独立研究的能力。

（3）指导教师应有较高业务水平和科研工作经验，具有良好的设计素质、强烈的技术兴趣、熟练的设计方法、丰富的技术知识，以适应设计技术高度发达的客观要求。

（4）为保证毕业论文（设计）的指导质量，每位教师指导毕业论文（设计）的数量应适宜，原则上不超过 10 篇。

（5）可以聘请理论水平高，实际经验丰富的行业、企业或生产科研部门的专家或技术人员参加毕业论文（设计）的指导工作，以促进毕业论文（设计）与实际生产、科研紧密结合，但要有本院的专业教师联系或参与指导，以掌握教学要求和毕业论文（设计）进度，保证毕业论文（设计）质量。

二、毕业论文（设计）指导教师的主要职责

（1）根据学生选择课题，填写《毕业论文（设计）任务书》。

（2）向学生介绍进行毕业论文（设计）的工作方法和研究方法，为学生介绍、提供有关参考书目或文献资料，审查学生拟定的写作计划。

（3）指导学生正确撰写开题报告或实施方案，并认真审阅，给出评语。

（4）提示与督促学生树立优良文风，尊重与规范引用他人学术成果，指导学生签署《诚信承诺书》。

（5）定期检查学生的写作进度和质量，进行及时指导，并认真填写《毕业论文（设计）指导记录》，每篇毕业论文（设计）指导不得少于3次。因故请假应事先布置好任务，请假超过4周者，应及时调整指导教师，并报二级学院、系（部）备案。

（6）确保指导时间和指导质量，采取有效方式教育和监督学生，不得采取抄袭等作假行为，并督促学生按时完成毕业论文（设计）任务。

（7）毕业论文（设计）结束阶段，按规范化要求检查学生完成情况，预审答辩资格，给出指导教师评语和毕业论文（设计）初评成绩。

（8）指导教师评语一般包括学生完成"毕业论文（设计）任务书"规定工作的情况、理论与实践意义、创新性程度、学术水平、写作的规范化程度、工作态度和工作作风、存在问题、是否可以提交答辩等。

（9）指导教师完成指导任务并给出初评成绩后，应收齐学生毕业论文（设计）的全部资料（包括电子文档），对照材料目录审核已经完成工作的材料（任务书、开题报告或实施方案、指导记录、含中英文摘要的定稿论文等）齐全后，在答辩前1周将资料送交评阅人或答辩组组长。

（10）指导教师一般应参加所指导学生的毕业论文（设计）答辩，但不得同时作为其评阅人及答辩教师。

三、开展毕业论文工作的基本原则

（1）学生确定毕业论文（设计）题目后，应通过认真调查研究和收集资料、阅读参考文献，弄清课题的研究方向，理清解决问题的基本思路，撰写开题报告或实施方案，开题时间一般在第五学期末。学生应严格遵守纪律，按指导教师规定的方式、时间和地点接受指导，因故不能按时接受指导的，应向指导教师请假，征得同意后由指导教师另行安排指导，并在规定的时间内按指导教师的要求完成毕业论文（设计）任务，并将毕业论文（设计）送交指导教师。

（2）学生应在教师的指导下独立完成规定的工作任务，调查报告类的一般应具有数据、实证或案例分析等部分（具体要求由各二级院系部根据专业特点确定）。毕业论文（设计）不得弄虚作假、抄袭别人的成果，否则取消答辩资格、成绩按不及格处理，学院将按规定收回或注销当事学生的毕业证书。

（3）毕业论文成果资料需要及时按照规定进行整理并上交，在没有得到学校及指导教

师的允许时，学生不得对自己的毕业论文进行处置。

四、毕业论文撰写的基本要求

1. 内容要求

（1）选题应符合本专业人才培养目标要求、体现对专业基本训练的内容，能够达到实践能力和科学研究培养的目的，符合专业培养方案中对素质、能力和知识结构的要求。理论联系实际，有利于巩固、深化和扩大学生所学的知识，使学生得到学术研究能力的基本训练。

（2）应根据我国社会主义现代化建设和社会主义市场经济发展的需要，选择相关领域内有现实价值、理论意义的课题，或者能对学生起到综合训练作用的某些探讨性研究问题的课题。

（3）选题要考虑学生的专业基础和实际水平，范围适宜、难易适度、工作量适当、研究成本可行，应是学生在短期内经过努力能基本完成或可以相对独立地做出阶段性成果。

（4）偏离本专业所学基本知识，或范围过专、过窄或内容过于简单等达不到综合训练目的的课题均不宜安排学生做毕业论文（设计）。

（5）论文应立论正确、论据充分、数据资料准确、论证推理严密、推导计算正确。

2. 文风要求

写作态度严肃，采用数据可靠、准确。论文结构合理，论据充分，结构层次清晰，推理论证具有逻辑性、语言精练、用词准确、文字朴实、行文流畅。

3. 文体要求

毕业论文从文体上讲属于议论文，无论何种专业的毕业论文就其形式上来讲，均要具有议论文的一般属性特征。

4. 格式要求

论文写作应严格执行《量和单位》（GB 3100～3102—1993）规定的名称、符号和书写规则；汉字的使用应当符合国家通用语言文字的规范和标准，按照《第一次汉字简化方案（1964 年）》、《第一批异形词整理表》（GF 1001—2001）等的要求，使用规范汉字。除特殊需要外，不得使用繁体字、异体字等不规范汉字。按照《出版物上数字用法的规定》（GB/T 15853—2011），凡是可以使用阿拉伯数字且很得体的地方，均应使用阿拉伯数字。标点符号的使用，执行《标点符号用法》（GB/T 15834—2011）的规定。并相应遵守各相关专业对学生毕业论文表现形式的具体要求。

五、毕业设计（论文）的成绩评定标准

（1）选题符合本专业的培养目标，能够达到科学研究和实践能力培养和锻炼的目的。满足专业教学计划中对素质、能力和知识结构的要求，难易适中、工作量适当。选题还应符合本专业的发展，符合科技、经济和社会发展的需要，能够理论联系实际，具有一定的科技、应用的参考价值。

（2）能独立检索中外文献资料，对资料进行分析、综合、归纳等整理，并能对所研究

问题的现状进行综述，提出存在的问题或进一步发展的方向。能够综合应用所学知识，对课题所研究问题进行分析、论述，研究，研究目标明确、内容具体，且具有一定的深度。熟练运用本专业的方法、手段和工具开展课题的设计和实施工作。论文或设计反映出已掌握了较强的专业技能和研究设计方法，实践能力较强。

（3）能独立操作使用软件或根据课题需要编程、录入和排版。能够完整地反映实际完成的工作，课题概念清楚、内容正确、数据可靠、结果可信、结构严谨、语言通顺、立论正确、论据充分、论证严密、分析深入、结论正确。符合学院的毕业论文（设计）工作的规范要求，论文中的术语、格式、图表、数据、公式、引用、标注及参考文献均符合规范。能够在前人工作的基础上，进行科学的分析与综合，提出新问题；探索解决问题的方法、手段有一定的特色或新意；结论有新见解。论文有一定的学术价值，实物作品、实际运行的系统或具有高复杂度的原型系统，已经得到应用或具有应用前景的成果。

（4）对于团队研究而言，整个课题能够覆盖本专业的重要概念、特有研究方法和手段，易于拆解为有机联系的若干子课题，各个子课题工作量饱满、联系紧密，但又有一定的区分度。课题实施过程中团队成员间有实质性协作与配合，能共同设计、研究、实验、交流及学习等，能反映较强的合作意识和团队精神。教师形成指导小组，有分工，并有一定的指导计划和实施团队课题的方案，能保证学生间的相互交流、协作和帮助。各子课题的实验、研究内容、结论等在总体报告中有具体体现或运用，整个课题的总成果是一个自然、有机的整体，整体质量高、成效明显。

第2章　毕业论文（设计）选题

选题是确定毕业论文要"写什么"，选择所要研究论证的学术问题。如何去选题，怎样才能选取好的课题，是学生撰写毕业论文必须要学习与掌握的基本功，是撰写毕业论文的第一步也是最重要的一步。本章介绍了毕业论文的选题原则、方法、程序及选题中的常见问题，着重介绍了毕业论文任务书、文献综述、开题报告的写作。

第1节　毕业论文（设计）的选题

一、选题的重要性

选题是毕业论文写作的第一步，正确而又合适的选题，可以起到事半功倍的作用，对毕业论文的写作具有重要的意义，关系到论文的水平和效果。

（一）选题为提高毕业论文质量提供保证

影响毕业论文质量的因素有很多方面，其中离不开调动人的主观能动性。毕业论文的题目无论是学生自己拟定的，还是在教师的指导下选择的，或是由院系下达的，都离不开一个"选"字，这都需要学生充分发挥自己的主观能动性，经过反复思考、相互比较后才能确定下来。

选题绝不仅仅是给毕业论文定个题目和划定范围这样简单，选择毕业论文题目的过程，也是初步进行科学研究的过程。毕业论文题目确定后，就在学生头脑中形成了一个大致的轮廓，逐步从对选题的最初认识到以后的不断认识，从感性认识升华到理性认识，最终才会取得一个较好的结果。毕业论文的选题有意义，写出来的毕业论文才会有价值；否则即使花费了再多的时间和精力，毕业论文主题很突出，结构很合理，语言很流畅，格式很规范，从表面上看是一篇很不错的毕业论文，但也不会有积极的影响和较高的价值。

（二）选题有利于充分发挥学生的特长

学生根据个人实际情况选题，有利于扬长补短，弥补某方面知识和技能储备不足的缺陷，并且做到有针对性、高效率地获取相关知识，有利于提前适应将来的工作，早出成果。通过选题，学生对自己所要研究的对象就有了初步的了解和认识，为下一步深入开展研究奠定了基础。从一定意义上来说，选题规划了毕业论文写作的蓝图，确定了毕业论文的研究角度和规模，决定了毕业论文写作乃至将来从事工作的方向和最终可能取得的成果。

（三）选题有助于提高学生探究问题的能力

大学生在校期间学过的专业知识很多，但拥有知识并不等于具备在实践中解决问题能力。高职院校学生的研究能力相对比较弱，研究能力要在应用知识的实践中自觉地培养和锻炼才能得到提高。选题是大学生探究问题、解决问题迈出的第一步，正确的选题要建立在查阅文献资料的基础上，使学生对所研究领域的过去、现状等信息资料有较为全面的了解，这就要求学生具备文献检索能力，熟悉文献搜集整理、筛选这一过程。另外在选题中，对已经学过的专业知识积极思考，有侧重地深化对所研究问题的认识，从而使自己的分析综合、判断推理、演绎归纳、联想发挥等方面的思维能力和研究能力得到锻炼和提高。

（四）选题可以使毕业论文写作顺利地完成

毕业论文的选题要确定论文的研究方向、范围和对策，要解决写什么的问题。选题的形成不是一个简简单单的判断，而是一个艰苦的思维过程，选择一个恰当的题目，需要作者多多思索、互相比较、反复推敲、精心策划，通过从个别到整体，分析与结合，归纳与演绎，逐步使写作方向在头脑中清晰起来。对于毕业生而言，选择一个难易程度和论题大小合适的题目，可以保证毕业论文写作顺利进行。如果选题过大、过难，学生就难以完成；如果选题太小、太简单，就达不到毕业论文写作的要求。所以选题是毕业论文写作的起步阶段，是毕业论文写作中一个重要的环节。选题会直接影响毕业论文的教学质量和学生的专业素质培养，毕业论文的选题应该紧紧围绕教学大纲的培养目标进行，使学生能够综合运用所学的专业知识和技能，探索和解决实际问题。

二、毕业论文（设计）选题原则

毕业论文题材比较广泛，丰富的论文选题在给学生创造广阔空间的同时，也会使许多同学感到眼花缭乱，无所适从。正确的选题，首先要知道选题的原则，这样就比较容易选定一个既有一定学术价值，又符合自己兴趣、适合自己能力的题目。

（一）专业性原则

撰写毕业论文是检验学生是否具备运用自己所学专业知识分析问题、解决问题的能力。学生的专业知识学得越扎实，研究问题就越深入，论题的选择就越有价值。因此，在进行论文选题时，一定要联系自己所学专业，不偏离所学专业。并且，毕业论文的选题大多是在指导教师的指导下，参照学校给各专业指定的范围或参考题目，进行确定或选择的。当然，学生也可能会与指导教师沟通，选择既有现实意义又与自己所学专业紧密结合的课题。但研究的角度、方法，使用的理论知识都要与在校期间学习的专业学科相关。脱离了实际所学的专业，就失去了写作的意义。在本专业中选题，可以充分利用所学知识，有创造性地进行创作。而选择与自己所学专业没有关系的跨度很大的其他领域问题来研究，虽然也可能会写出好的论文，但在有限的时间内对学生来讲困难相当大。因此，坚持以专业为本的原则，既是顺利完成毕业论文的前提，也是毕业论文教学环节的一项基本要求。

（二）应用性原则

撰写毕业论文是一项艰苦的创造性工作，其目的之一就是让学生从理论的高度认识和解决问题，因此论文的选题要紧密结合经济和社会发展实际。理论源于实践，理论为实践服务，科学研究的课题就一定要注意理论联系实际。在进行毕业论文的选题时，一定要考虑到选题所具有的应用价值或学术价值，尽量选择与社会、经济、政治、文化等方面较为贴近的选题。

选题的应用性可以从以下两个方面考虑：

一方面，选题能够回答和解决生产活动或生活中的实际问题，要着眼于社会效能和价值。大学生应该密切关注本专业的发展现状和动向，选出能够解决实际问题的具有现实意义的论题。例如，农牧类专业学生，选题尽可能在生产、教研和教学的实际问题中选定，可选择直接来源于生产实际或具有明确生产背景和应用价值的选题。

另一方面，要充分考虑具有学术价值的选题。选题也绝非必须要有直接的效益，有些毕业论文的题目，表面上看起来没有什么现实意义，或者没有直接的实际研究价值，但对于训练思维，掌握方法包括个人偏好的选择都有潜在的影响。通过对此类问题的探讨研究，我们可以获得客观的材料，能够得到对历史或一些既定事实的再评价，对现有的观点进行补充和完善。事物总是在不断发展的，事物发展到今天所呈现的规律性，前人不可能预测到，即使有所见解，也有不完善的地方，这在自然科学是普遍存在的现象。对于理论的进一步完善也是毕业论文选题的应用性原则的要求。

（三）可行性原则

选题应充分考虑论题的难易程度、工作量、一定时间获成果的可行性，这是选题的可行性。可行性原则受主观、客观两个方面条件的影响。主观条件主要是指学生本人的主观条件。在选题时，首先必须考虑个人的知识和能力、专长、兴趣。知识和能力的积累是一个较长的过程，不可能靠一次论文写作就能突飞猛进，所以选题时要量力而行，客观地分析和估计自己的能力。如果感觉自己基础较好，有较强的驾驭能力，就可以选择一个内容复杂一些、难度大一些的题目，这样就可以发挥自己的长处，也能使自己得到锻炼。如果感觉自己分析综合的能力较弱，就要把题目定得小一些，集中精力抓住重点，将一个具体的问题阐述清楚就可以了。另外，选题应尽可能适合自己的兴趣与特长，选择哪些能够发挥自己专长且学有所得、学有所感的题材。客观条件应考虑资料、设备、时间、经费与科学上可能性，第一是考虑是否有相关资料或资金来源，第二是要看有无必备的实验条件及指导教师、时间、经费等。即该论题是否有写作的必要，要结合有无必备的实验条件、有无充分的资料文献等来选题。具体地说，可从以下 3 个方面来综合考虑：

首先，要有充足的资料来源。"巧妇难为无米之炊"，在缺少资料的情况下，是很难写出高质量的论文的。选择一个具有丰富资料来源的课题，对课题深入研究与开展很有帮助。

其次，要有浓厚的研究兴趣，选择自己感兴趣的课题，可以激发研究热情，调动自己的主动性和积极性，能够以专心、细心和耐心的积极心态去完成。

最后，要发挥自己的业务专长。每个学生无论能力水平高低，选择发挥业务专长的课题对顺利完成课题的研究、展示自己的理论水平和才能大有益处。

（四）创新性原则

毕业论文成功与否、质量高低、价值大小，很大程度上取决于文章是否有新意。

在准备选题时，也要注意表现自己的新见解、新观点，有新的写作思路。"新"也就是指新的看法、新的见解，而不是老生常谈的东西，这也是毕业论文的价值所在。选题的"新"，主要体现在以下 3 个方面：

首先，选题要有一定的理论深度，从而有利于挖掘写作者的潜力，发挥其创造精神，这要求写作者要有严谨的科学态度。

其次，毕业论文选题的创新，要求能够在前人研究的基础上有所突破，提出自己独到的见解，这就要求学生能够认真、全面地查阅资料，积累知识，了解前人在这个领域的发现和成果，同时要认真探索，从前人的发现中得到启发。实现创新性，可以从这几个方面入手：①从观点、题目材料到论证方法全是新的；②以新的材料论证的课题，提出全部或部分新观点；③以新的角度或新的研究重做已有课题，提出全部或部分新观点；④对已有的观点、材料、研究方法提出质疑，虽然没有提出自己的新看法，但能够启发人们对这一观点产生新的思考。

最后，能够敏锐地发现学科领域内还未被前人探索过的新区域。对于刚刚步入研究领域的学生来说，应在力所能及的情况下，不懈地追求"新"。有新的发现固然好，若没有，也应尽可能地用自己的思考、自己新发现的材料去组织论文。

总之，学生获取选取的渠道很多，归纳起来有①从生产实践中选题；②从科研项目中选题；③从市场需求选题；④从实验教学中选题；⑤从专业发展方向的前沿选题；⑥从聘用单位的工作需要选题；⑦结合兴趣爱好选题。

三、毕业论文选题的方法

毕业论文选题分为规定性命题和自选命题。规定性命题是由指导教师拟定题目，经学科（系）和学院审定批准后，由系向学生公布，由学生选做；自选命题则由学生自定选题，学生可以选择规定性命题开展毕业论文工作。

要做好毕业论文的选题工作，仅仅只了解选题的原则是远远不够的，还需要了解和掌握一些选题的具体方法。

（一）查阅文献法

查阅文献法是通查阅文献资料方式，在比较中来确定题目的方法。在资料占有达到一定数量时集中一段时间进行阅读及摘录，这样便于对资料做集中的比较和鉴别，在这一过程中，提出问题，寻找自己的论题。这就需要我们对收集到的材料进行全面阅读研究，主要的、次要的、不同角度的、不同观点的都应了解，不能"先入为主"，不能以自己头脑中原有的观点决定取舍；而应冷静地、客观地对所有资料做认真的分析思考，以内容需要为依据。然后通过了解本专业的历史，知道本专业已经进行了哪方面的研究，有什么成果，有哪些问题尚未解决，新问题是什么，这方面的资料占有越多，对情况了解的就越清楚，越有可能产生出新颖、独创的选题。

（二）知识迁移法

大学生通过大学阶段的学习，对某一方面的专业课程理论知识应该有一个系统地理解和掌握。这是对旧知识的一种延伸和拓展，是一种有效的更新。在此基础之上，学生在认识问题和解决问题的时候就会用所学的新知识来感应世界，从而形成一些新的观点。理论知识和实践的有机结合往往会激发学生创造力和开拓精神，为毕业论文的选题提供了一个良好的实践基础和理论基础。

（三）题库选择法

论文选题既是新研究项目的开始，也是以往研究成果的延续，按照过去的研究方向及研究成果建立各专业的毕业论文题库，学生从中选择论题作为毕业论文选题也是一种直接、可靠的方法。毕业论文题库中的论题所涉及的主题有大小之分，小主题要求学生就某一具体问题开展工作；大主题论题所提供的是一个大的问题范畴，给学生的研究方向和写作论文提供了一个较大的选择空间，便于发挥学生的主观能动性。毕业论文原则上一人一题，但对于较大的题目，可以由相同专业或不同专业的学生组成团队共同来完成，但要明确每个学生独立完成的工作内容和要求，并在题目上有所区分。

（四）关注热点法

热点问题就是现代社会中出现的能够引起公众广泛注意的问题。这些问题或关系国计民生或涉及时代潮流，而且总能引起人们注意，引发人们思考和争论。在平时的专业学习中，大部分学生也都会关注与本专业科学领域的一些新发现。选择与专业相关的热点问题作为论文的论题是一件十分有意义的事情，不仅可以引起指导教师的关注，激发阅读者的兴趣和思考，而且对于现实问题的认识和解决也具有重要的意义。另外，将热点问题作为论文的论题对于学生收集材料、整理材料、完成论文也提供了许多便利。

（五）调研选题法

调研选题法类似于关注社会热点法，但其所涉及的有一部分是社会热点问题，也有一部分不是社会热点问题。社会调研的课题主要包括与经济和社会发展密切相关的一些社会问题，也包括与广大的百姓生活密切相关的生产生活问题。社会调研可以帮助我们更多地了解调研所涉问题的历史、现状及发展趋势，对问题的现实认识将更为清晰，并可就现实问题提出一些有针对性的意见和建议，也达到了撰写毕业论文的最终目的——为社会服务。在调研中，将收集到的一手资料，进行整理分类、分析研究、去粗取精、去伪存真，最终上升到理性的认识，确定自己的选题。

写作论文本身是一种科学认知活动，确定论文选题及确定科学认知对象的社会活动，参与调研与实践，调查分析实践中的问题，是我们形成毕业论文选题的一条重要的途径，在生产实践中需要解决的问题很多，只要深入下去，就要以找到"真题真做"的题目。

四、毕业论文（设计）选题常见的问题

毕业论文选题是否得当会直接影响毕业论文的质量，常见的选题方面的问题有以下几种。

（一）选题过大

毕业论文的选题应选取有科学价值或实用价值、有现实可能性、大小适中的题目。选题太大，难以把握问题的切入角度。此外，题目太大，难以深入细致地剖析问题，容易泛泛而论。

（二）选题过难

由于学生受时间、精力的限制，以及材料方面的局限，应注意选题的难度既不要过大，也不要超出自己所学的专业领域。虽然毕业论文的选题不能过大、过难，但也不能太小、太

简单，就达不到毕业论文写作的要求。实践证明，选题还是难易适中为好。

（三）选题陈旧

选题不要太陈旧，如果查阅文献有太多类似的文章，缺乏新鲜感，最好换一个话题。切忌一切照搬别人的材料和结论，应该在前人的基础上，敢于提出前人没有提出或尚未解决的问题，最好多选一点与现实生活、当代经济与科学技术发展密切相关的课题，注重研究现实生活中出现的新问题。

（四）选题过虚

选题要结合实际，尽量不做虚拟课题，要优先选择结合生产科研、实验室建设及社会实践等具有实际应用价值的课题，以增加责任感、紧迫感和经济观念。

第2节　毕业论文任务书

一、什么是毕业论文任务书

学生选题确定后，由指导教师根据毕业论文（设计）选题的具体情况及毕业论文（设计）教学要求认真填写，经学生所在教研室主任审核签字后生效，并由指导教师下发给学生，这是用于向学生传达毕业论文任务的一种表格形式文书。其主要功能是向学生提出毕业论文的各项工作任务，指导、启发和规范学生完成毕业论文。

二、毕业论文任务书的样式及内容要求

毕业论文任务书是学生写论文的一个依据，据此明确学生独立完成的内容和进度计划。

任务书中除布置整体工作内容、工作进度、列出必要的参考文献资料外，应提出明确的质量要求，包括开题报告或实施方案、外文资料翻译、论文字数、中期检查等。任务书内容须按有关要求用黑墨水笔工整书写或按学校统一设计的电子文档标准格式打印，不得随便涂改或潦草书写，禁止打印在其他纸上后剪贴。任务书一经审定，指导教师不得随意更改，如因特殊情况需要变更，应提出书面报告说明变更原因，经所在专业的二级学院、系（部）毕业论文（设计）主管领导批准后方可。

表2-1是苏农牧科技职业学院毕业论文任务书模板。

表 2-1　江苏农牧科技职业学院学生毕业设计（论文）任务书

论文题目			(简短、明确、有概括性，不超过 20 字)		
学生姓名		学号		专业	
指导教师		职称		文化程度	
设计（论文）起止时间					

1. 毕业设计（论文）课题来源及应达到的目的：

2. 毕业设计（论文）课题任务的内容和要求：

3. 进度安排：

4. 参考文献：

指导教师签名：

年　　　月　　　日

所在专业审查意见：

专业负责人（教研室主任）签名：

年　　　月　　　日

　　学生接到任务书后，可以以此为依据，进入文献收集阶段并开始撰写文献综述和开题报告。

第3节　毕业论文的开题

一、开题报告的概念

开题报告是选题者为阐述、审核和确定论文题目而做的书面专题报告。毕业论文的开题报告即学生对自己所要研究内容的文字说明，向指导教师阐述其可行性，再由指导教师进行评议确定选题是否确实可行。开题报告也是毕业论文答辩委员会对学生答辩资格审查的依据材料之一，是监督和保证论文质量的重要措施。

二、开题报告的基本写法

开题报告基本信息包括学生姓名、学号、专业班级、论文题目、指导教师等，主体部分主要包括论文写作的目的与意义、国内外研究概况、论文拟研究解决的主要问题、研究方法及可行性分析、研究步骤、参考文献等，对于高职高专学生来讲，字数要求在 1500 字左右（表 2-2）。

（1）开题报告的题目。开题报告的题目最终将是毕业论文的标题，它同论文研究的内容是密切相关的，应该有效的反映论文的基本思想。

（2）选题的目的与意义。这部分内容需要清楚地定义和说明自己所要研究的问题，同时要陈述研究问题的历史背景、国内外研究现状和发展趋势，并分析存在的问题，说明本研究的实际意义。

（3）论文拟研究解决的问题。明确提出论文所要解决的具体学术问题，也就是论文拟定的创新点。提出自己的论文准备论证的观点或解决方法，简述初步理由。开题报告的目的就是要请指导教师帮助判断自己所提出的问题是否值得研究，准备论证的观点方法能否研究出来。

（4）研究方法。研究方法是为了具体说明采用哪些方法来解决所提出的问题，从而使人们相信将要开展的研究是可行的。由于选题不同研究问题目的和要求不同，因此研究方法往往各异。

（5）研究的步骤及进展指的是整个研究在时间及顺序上的先后安排，在开题报告中要说明内容与时间的分段。

（6）预期目标。在合理的研究方法和具体论证的基础上产生的自然结果，虽然对专科毕业生的论文并没有原创性要求，但经过认真思考与研究的论文应或多或少对社会具有一定启示意义。应根据研究具体情况，对是否具有启示意义做出说明。

（7）参考文献。这一部分应列出引证过的所有文献。所列参考文献不必过多，但必须有一定分量，要选出具有代表性的文章或著作。

表 2-2　江苏农牧科技职业学院学生毕业论文（设计）开题报告

论文题目					
学生姓名		学号		专业	
指导教师		职称		文化程度	
开题报告内容（1500 字左右）： 学生签名： 年　　　月　　　日					
指导教师评语： 指导教师签名： 年　　　月　　　日					

注：开题报告应根据教师下发的毕业论文（设计）任务书，在教师的指导下由学生独立撰写，在第五学期完成。

第 4 节　毕业论文的数字化管理系统

随着数字化校园的建设，许多高校都使用毕业论文数字化管理系统，该系统贯穿于学校毕业论文（设计）工作的全部流程，从选题申报、选题审核、选题确认到论文检测、答辩评分，实现了毕业论文（设计）操作管理的无纸化、网络化。

下面以江苏农牧科技职业学院所使用的维普毕业论文（设计）管理系统为例，介绍毕业论文的数字化管理系统（图 2-1）。

图 2-1　毕业论文管理系统登录界面

毕业论文（设计）管理系统根据高校毕业论文流程进行设计，该系统中的角色依据论文写作过程中职责进行合理划分，分别有系统管理员、教学院长、教学秘书、专业负责人、指导教师、评阅教师、答辩录入员及学生 8 种角色，各角色间的关系如图 2-2 所示，其中专业负责人、指导教师、学生是毕业论文（设计）过程的主要角色。

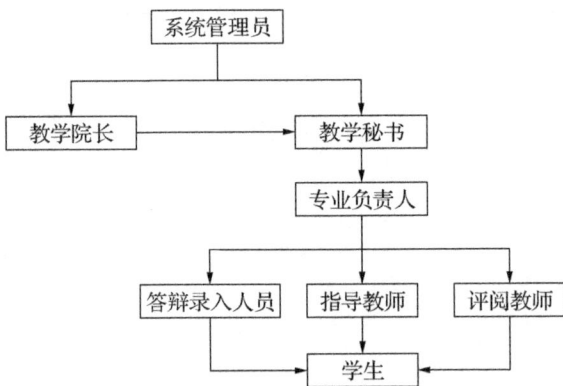

图 2-2　毕业论文管理系统角色分配

学生登录后，页面上部显示登录账号的姓名和身份；左边显示学生的操作权限，另外，优秀论文展示是系部公布的本系优秀的论文信息；右边显示校内公告是由系统管理员发布的供登录人员查看的公告信息，是教学秘书发布的系部公告信息。页面左边为主操作区域，右边为主显示区域。主操作区域分为流程管理、特殊情况处理、账号管理、交流互动 4 部分。

学生通过系统可以自主申报课题，并交由指导教师审核，如图 2-3 所示。

申报后，学生开始选题，即学生能够进行选择毕业论文课题的操作。学生可根据自己的兴趣、方向选择课题，如图 2-4 所示。

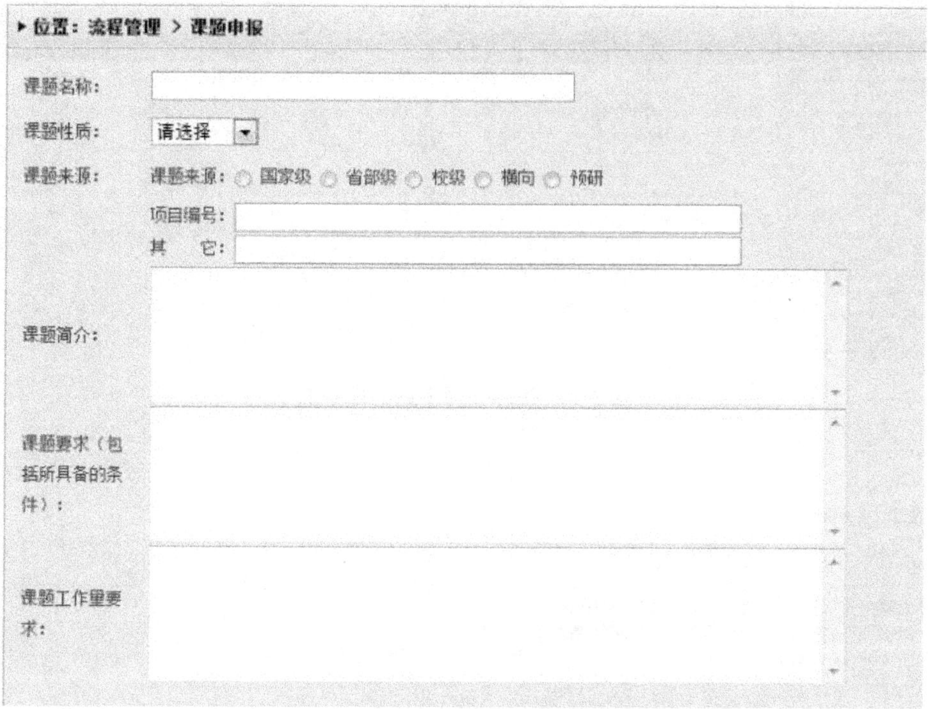

图 2–3　毕业论文管理系统课题申报

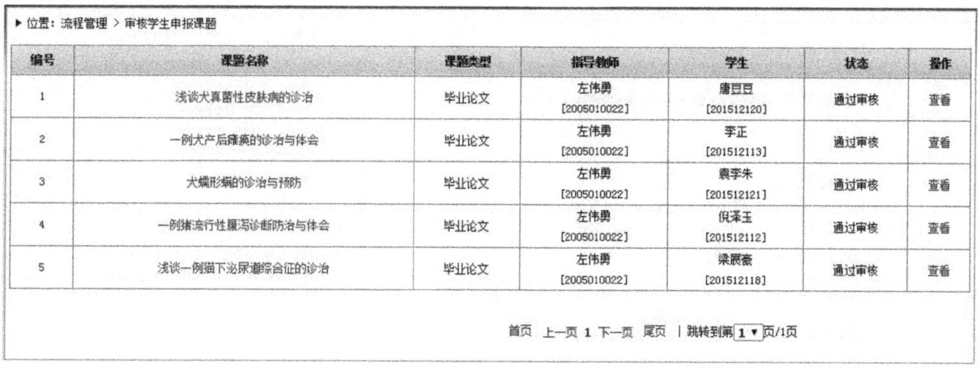

▶ 位置：流程管理 > 审核学生申报课题

编号	课题名称	课题类型	指导教师	学生	状态	操作
1	浅谈犬真菌性皮肤病的诊治	毕业论文	左伟勇 [2005010022]	唐豆豆 [201512120]	通过审核	查看
2	一例犬产后瘫痪的诊治与体会	毕业论文	左伟勇 [2005010022]	李正 [201512113]	通过审核	查看
3	犬蠕形螨病的诊治与预防	毕业论文	左伟勇 [2005010022]	袁李朱 [201512121]	通过审核	查看
4	一例猪流行性腹泻诊断防治与体会	毕业论文	左伟勇 [2005010022]	倪泽玉 [201512112]	通过审核	查看
5	浅谈一例猫下泌尿道综合征的诊治	毕业论文	左伟勇 [2005010022]	梁展豪 [201512118]	通过审核	查看

首页　上一页　1　下一页　尾页　| 跳转到第 1 页/1页

图 2–4　毕业论文管理系统学生选题

选题被确定后，指导教师下达任务书，学生通过系统查看对应课题的教师提交的毕业论文任务书信息，如图 2–5 所示。

学生选择课题的教师填写完任务书并通过专业负责人审核后，学生查看任务书，根据任务书要求提交开题报告等材料（包括开题报告和外文翻译），如图 2–6 所示。

单击“填写开题报告”进入开题报告填写页面，开题报告由指导教师与专业负责人共同审核，合格后方可进入课题开展阶段，如图 2–7 所示。

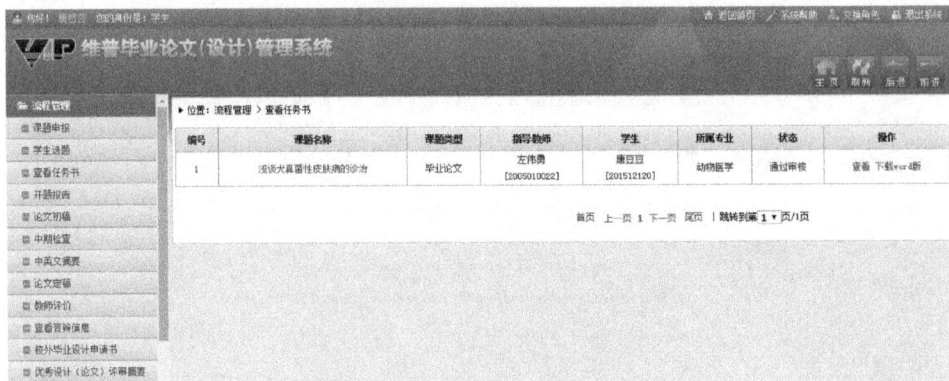

图2-5 指导教师下达的任务书

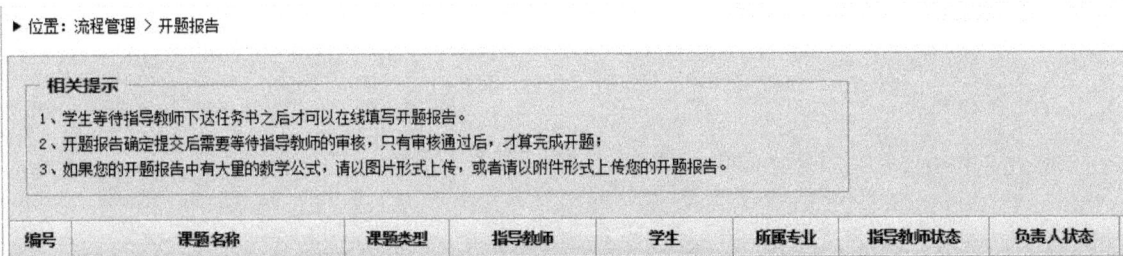

图2-6 根据任务书填写开题报告界面

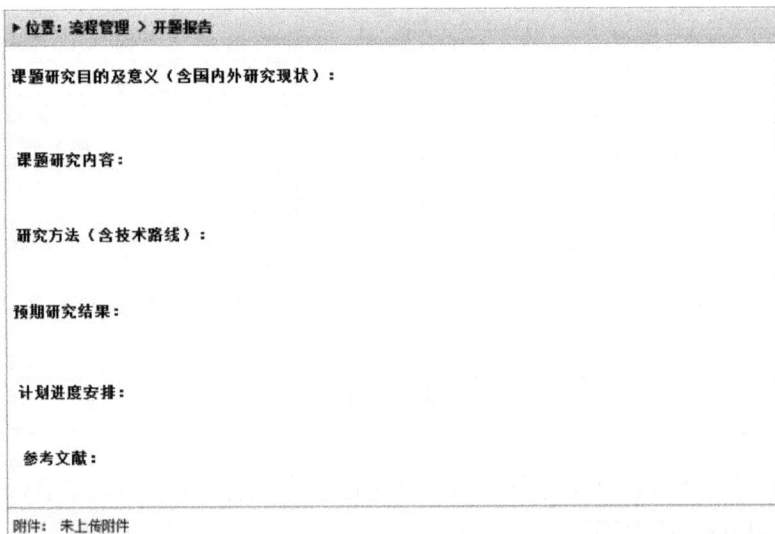

图2-7 课题开展阶段

学生在毕业论文中期阶段需要提交中期检查，由指导教师审核，如图2-8所示。

学生开题报告通过审核后，学生即可提交论文草稿。论文草稿只是指导教师和学生之间

编号	课题名称	课题类型	指导教师	学生	所属专业	指导教师状态	教研室主任状态	院系部状态	操作
1	浅谈犬真菌性皮肤病的诊治	毕业论文	左伟勇 [2005010022]	唐豆豆 [201512120]	动物医学	通过审核	通过审核	通过审核	下载word版 查看
2	犬蠕形螨的诊治与预防	毕业论文	左伟勇 [2005010022]	袁李朱 [201512121]	动物医学	通过审核	通过审核	通过审核	下载word版 查看
3	一例犬产后瘫痪的诊治与体会	毕业论文	左伟勇 [2005010022]	李正 [201512113]	动物医学	通过审核	通过审核	通过审核	下载word版 查看
4	一例猪流行性腹泻诊断防治与体会	毕业论文	左伟勇 [2005010022]	倪泽玉 [201512112]	动物医学	通过审核	通过审核	通过审核	下载word版 查看
5	浅谈一例猫下泌尿道综合征的诊治	毕业论文	左伟勇 [2005010022]	梁展豪 [201512118]	动物医学	通过审核	通过审核	通过审核	下载word版 查看

首页 上一页 1 下一页 尾页 | 跳转到第 1 ▼ 页/1页

图 2-8 提交中期检查

的一种互动，并不涉及论文成绩的评定。只有通过论文草稿审核后，学生才可以提交正式的论文。

学生提交的论文草稿通过指导教师审核后，学生即可提交论文给指导教师。点击"浏览"选择准备好的论文附件，点击"确认"即完成论文的提交。提交完成后，系统自动对学生论文进行检测工作，并自动录入系统，学生可自行查看、下载检测报告，如图 2-9 所示。

图 2-9 论文定稿

完成论文、毕业答辩后，学生对指导教师进行评价后，查看自己论文的最终总评成绩，如图 2-10 所示。

编号	课题名称	课题类型	指导教师	学生	所属专业	指导教师评分	论文定稿状态	操作
1	浅谈犬真菌性皮肤病的诊治	毕业论文	左伟勇 [2005010022]	唐豆豆 [201512120]	动物医学	评分：84（良好）	通过审核	查看

首页 上一页 1 下一页 尾页 | 跳转到第 1 ▼ 页/1页

图 2-10 最终总评成绩

点击查看成绩，如图 2-11 所示。

另外，学生还可以查看自己所在答辩组的详细信息，如图 2-12 所示。

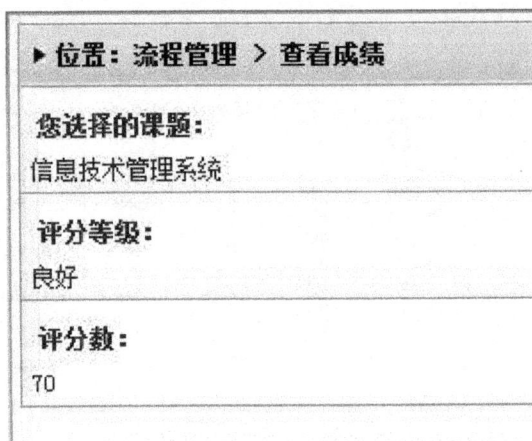

图 2-11　成绩查看

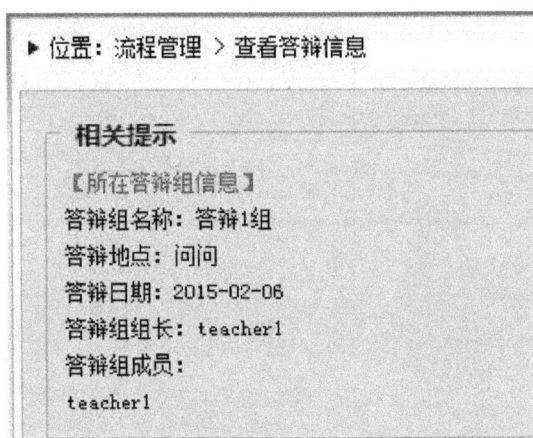

图 2-12　查看答辩信息

第3章 毕业论文（设计）相关资料的收集与利用

第1节 常用检索工具及其检索举要

检索工具是指用来传播、存储和查找文献情报的工具。具体地说，检索工具是用于报道、存储和查找文献线索的工具和设备的总称。检索工具可按不同的标准进行分类，按加工文献和处理信息的手段分为手工检索工具和机械检索工具；按出版形式分为期刊式检索工具、单卷式检索工具、卡片式检索工具、胶卷式检索工具和磁带式检索工具按著录格式可分为目录型检索工具、题录型检索工具、索引型检索工具、文摘型检索工具，具体内容如下所述。

一、目录型检索工具

目录主要是记录具体出版或收藏单位情况的工具。它以一个完整的出版或收藏单位为著录单元，一般包括著录文献的名称、著者、文献出处（含出版单位、卷期、出版年月等）。目录的种类很多，对于文献信息检索来说，国家书目、联合目录、馆藏目录尤其重要。

（1）国家书目。国家书目是出版物的国家登记制度的产物，是有关一个国家全部出版物的现状和历史的记录。国家书目是记载一个国家出版的全部图书的书目，为用户提供了该个国家最全面、最权威的图书出版情况，通过它可以反映一个国家的文化、科学和出版水平，是进行图书采购、整理、利用及开展信息查询和咨询服务的重要工具。我国的国家书目是《全国总书目》《全国新书目》。

（2）联合目录。联合目录是汇总若干个图书馆或其他收藏单位所收藏文献而编制的目录。它反映了书刊在全国或某些地区若干图书馆或其他收藏单位的收藏情况，便于开展馆际互借和复制，有利于实现资源共享，如《1833—1949全国中文期刊联合目录》等馆藏目录。

（3）馆藏目录。馆藏目录是用来反映一个图书馆文献收藏情况的目录。它代表了收藏单位实有的文献，是馆藏文献的缩影。

二、题录型检索工具

题录以单篇文献为基本著录单元，是描述文献外部特征（文献题名、著者姓名、文献出处等）、无内容摘要、快速报道文献信息的一类检索工具。它与目录的主要区别是著录的对象不同。目录的著录对象是单位出版物，题录的著录对象是单篇文献。由于题录仅有著录文献的篇名、著者、文献出处等外表特征，因此具有加工容易、报道量大、出版迅速等特点，是查找最新文献线索的重要工具。

我国出版的影响力较高的文献信息检索工具书目录主要有如下几类。

（1）《全国新书目》由国家新闻出版局版本图书馆编辑，中华书局出版，每月一期，每年汇编一次，连续出版。它及时报道新书出版情况，是了解最新文献信息的定期性检索刊物。

（2）《科技新书目》由新华书店北京、上海发行所联合主编，每月预告 500 种出版或重版图书，是订购和检索中文科技新书的主要检索工具。

（3）《全国中文期刊联合目录》由全国图书馆联合目录编辑组编辑，反映全国 51 个图书馆馆藏旧期刊（1833—1949 年），共 19 115 种。

（4）《中文科技资料目录》由全国科技情报检索刊物协作编辑，专门报道公开发行和内部交流的中文期刊的论文、科技报刊、译文和资料，按类分成 31 个分册，是科学研究和撰写专业论文的重要参考资料。

（5）《国外科技资料目录》由全国科技情报检索刊物协作编辑，专门报道国外特种文献、国外专利、国外科技图书，共 39 个分册，内部发行。

（6）《中文科技资料目录》由科学技术文献出版社出版，报道中国科技情报所图书馆收藏的中文资料，包括译文，按分类途径检索。

（7）《国外科技资料馆藏目录》由中国科技情报所编印，收录该所馆藏国外科技、政府出版物、会议文献和学术论文，分 18 个分册出版，按分类途径检索。

（8）《外文新书通报》有各个图书馆单位编辑的不同版本，其中图书馆包括中国科学院图书馆、北京图书馆、江苏省图书馆、安徽省图书馆等。主要报道西文、俄文、日文等社会科学、自然科学和工程技术方面的图书。

（9）《全国西文期刊联合目录》由全国图书馆联合目录编辑组编辑。1959 年出版，收录 160 个图书馆 1957 年底前馆藏西文期刊 10 270 种，1982 年再版，图书馆和馆藏书目有所扩张。

三、索引型检索工具

索引是根据一定的需要，把特定范围内的某些重要文献中的有关条目或知识单元，如书名、刊名、人名、地名、语词等，按照一定的方法编排，并指明出处，为读者提供文献线索的一种检索工具。索引的类型是多种多样的，在检索工具中，常用的索引类型有分类索引、主题索引、关键词索引、著者索引等。

（1）分类索引是以表示文献内容特征的分类号码作为检索标识，按照特定分类法的类目体系进行编排的一种索引。不同的检索工具可能采用不同的分类法来组织分类索引。

（2）主题索引是将文献中具有实质性意义的词语或能揭示文献主题概念的词语抽出来，除关键词外，一律要经过规定化处理，再按字顺序排列起来组成标识系统，或者在各个主题词的下给出副标题词、文摘和文献出处，或者在各个主题词的下给出篇名性的说明语，或者关键词的说明语，再在说明语的后面列出文献号而编制的索引。

（3）关键词索引就是将文献中的篇名、摘要或正文中所出现的具有实质意义的词语作为主要关键词抽出，然后将每个关键词分别作为检索标识，按字顺序排列起来的一种索引。

（4）著者索引是以文献中著者的姓名作为检索标识，并按其字顺编排的一种索引。主要包括个人著者索引、团体著者索引、专利发明人索引及专利权人索引等。

上述索引按照著录项目的详略，可分为两类：一类是编目索引，著录项目只包括题目、著者和出处；另一类是内容索引，除了有篇目索引的著录项目外，还常常加上简介和摘要，以便读者在找到文献索引的同时，还能概括地了解文献的内容。

我国出版的较有影响的科技文献信息索引主要有如下几类。

（1）《全国报刊索引（科技版）》由上海图书馆编辑出版，月刊。收录全国县以上主要报纸、期刊上发表的科技论文、作者和题名。

（2）《国内内部期刊索引》由中国科技情报所（现名中国科学技术信息研究所）编写，科学技术文献出版社出版，月刊。收录内部期刊上的论文（科技论文约占 50%），报道较为及时。

（3）《内部期刊篇名索引》由湖北省科技情报所编印，年刊。收录内部期刊达 2000 多种，查阅比较方便，是检索我国内部刊物科技文献篇名的重要工具。

（4）《国外科技资料索引》由中国科技情报所重庆分所编辑。收录范围主要是国外期刊中的重要科技信息资料，数学、无线电、物理、电工、矿业 5 个分册。

（5）《专利专题索引》由中国科技情报所编写，科学技术文献出版社出版，不定期出版，按分类途径检索。

四、文摘型检索工具

文摘是原始文献的浓缩，是系统报道、积累和检索文献的重要工具，是二次文献的核心。与索引相比，文摘除了含有索引的外部特征以外，还具有内容摘要。所以，文摘型检索工具是以简练的文字将文献的主要内容准确、扼要地摘录下来，并按照一定的著录规则和编排方式系统地组织起来的检索性工具书。

文摘的类型，按照文摘的编写者可分为著者文摘和非著者文摘；按照文摘对文献内容的压缩程度可分为报道性文摘和指示性文摘。

（1）著者文摘是指由原文著者编写的文摘，往往同原文一起出现，内容的可信度较高。

（2）非著者文摘由专门的、熟悉本专业的文摘人员编写而成，一般在文摘后注有文摘人员的代号，各种文摘性检索工具中收录的文摘，几乎都属于此类，其可信度不及著者文摘高。

（3）报道性文摘是用来概述原文的内容要点（尤其是内容的创新点），向读者提供原文中的定量信息和定性信息的一种文摘。报道性文摘是原文的浓缩，基本上能反映原文的技术内容，信息量大，参考价值高。读者通过阅读这种文摘，一般可代替阅读原文。

（4）指示性文摘就是把原文献的主题范围与目的，概略地展示给读者，一般不涉及原文献的具体内容、结论等内容，实际上是对文献篇名的补充说明，以使读者不对文献内容产生误解，仅为读者选择文献提供线索。

第 2 节　检索技术

文献检索是指将信息按一定的方式组织和存储起来，并根据信息用户的需要找出有关信息的过程。所以它的全称又叫"信息的存储与检索"，这是广义的信息检索。狭义的信息检索则仅指根据信息用户的需求找出有关信息的过程。即从信息集合中找出所需要的信息的过程，相当于人们通常所说的信息查寻。

一、文献检索途径

（一）著者途径

许多检索系统备有著者索引、机构（机构著者或著者所在机构）索引；专利文献检索系统有专利权人索引，利用这些索引从著者、编者、译者、专利权人的姓名或机关团体名称字序进行检索的途径统称为著者途径。

（二）分类途径

按学科分类体系来检索文献。这一途径是以知识体系为中心分类排检的，能体现学科系统性，反映学科与事物的隶属、派生与平行的关系，便于我们从学科所属范围来查找文献资料，并且可以起到"触类旁通"的作用。从分类途径检索文献资料，主要是利用分类目录和分类索引。

（三）主题途径

通过反映文献资料内容的主题词来检索文献。由于主题词能集中反映一个主题的各方面文献资料，因而便于读者对某一问题、某一事物和对象做全面、系统的专题性研究。通过主题目录或索引，即可查到同一主题的各方面文献资料。

（四）引文途径

文献所附参考文献或引用文献，是文献的外表特征之一。利用这种引文而编制的索引系统，称为引文索引系统，它提供从被引论文去检索引用论文的一种途径，称为引文途径。

（五）序号途径

有些文献有特定的序号，如专利号、报告号、合同号、标准号、国际标准书号和刊号等。文献序号对于识别一定的文献，具有明确、简短、唯一性特点。依此编成的各种序号索引可以提供按序号自身顺序检索文献信息的途径。

（六）代码途径

利用事物的某种代码编成的索引，如分子式索引、环系索引等，可以从特定代码顺序进行检索。

（七）专门项目途径

从文献信息所包含的或有关的名词术语、地名、人名、机构名、商品名、生物属名、年代等的特定顺序进行检索，可以解决某些特别的问题。

二、文献检索方法

现代检索科技文献资料的方法有两种：手工检索和计算机检索。

（一）手工检索

手工检索，即自己直接进行检索的人工方法，它又可以具体分为以下几种方法。

（1）直接法。直接法又称常用法，是指直接利用检索系统（工具）检索文献信息的方法。它又分为顺查法、倒查法和抽查法。

①顺查法是指按照时间的顺序，由远及近地利用检索系统进行文献信息检索的方法。这种方法能收集到某一课题的系统文献，它适用于较大课题的文献检索。例如，已知某课题的起始年代，现在需要了解其发展的全过程，就可以用顺查法从最初的年代开始，逐渐向近期查找。

②倒查法是由近及远，从新到旧，逆着时间的顺序利用检索工具进行文献检索的方法。此法的重点是放在近期文献上。使用这种方法可以最快地获得最新资料。

③抽查法是指针对项目的特点，选择有关该项目的文献信息最可能出现或最多出现的时间段，利用检索工具进行重点检索的方法。

（2）追溯法。追溯法是指不利用一般的检索系统，而是利用文献后面所列的参考文献，逐一追查原文（被引用文献），然后再从这些原文后所列的参考文献目录逐一扩大文献信息范围，一环扣一环地追查下去的方法。它可以像滚雪球一样，依据文献间的引用关系，获得更好的检索结果。

（3）循环法。循环法又称分段法或综合法，它是分期交替使用直接法和追溯法，以期取长补短，相互配合，获得更好的检索结果。

检索文献资料使用的工具，按照其著录的方式只有题录和文摘两种。题录只给出文献题目、作者、出处、页码、文种，没有内容介绍，如我国出版的《全国新书目》《中文科技资料目录》等。由于这种检索工具编辑过程短、报道速度快，很受人们的欢迎。但只看题目、不知内容，因而难以决定取舍。文摘除了给出题目、作者、出处之外，还有文献内容摘要。文摘已成为重要的科技文献检索工具。目前世界上已出版的文摘有 2000 余种，其中比较著名的有美国的《科学引文索引》（SCI）和《工程索引》（EI）等。利用文摘刊物可以解决查不到、查不全、看不完、看不懂等问题，最大限度地收集有用的材料。

（二）计算机检索

计算机检索是被人们普遍采用的先进检索方式。人们把大量的文献资料数据储存于计算机内，需要时再从计算机中调出。计算机情报检索分为定题服务、网络服务和回溯检索 3 类。

（1）定题服务。定题服务是情报服务中心或图书馆将一批用户查找文献的要求编成检索程序，事先存入计算机，每当收到最新一期资料时，就上机成批处理并检索用户要求的内容，自动打印检索到的文献，然后分寄给用户。

（2）网络服务。网络服务是用户在情报服务中心或图书馆注册上网，通过计算机直接进入某情报网络系统，按照自己的意愿直接从计算机上查找并下载有关文献资料。这种方法快捷、方便，正在全世界范围内迅速普及。

（3）回溯检索。回溯检索是研究人员从事某项科研课题初期提出的检索要求，通过计算机扫描文献数据库的有关文档，检索出前人在该领域所做的研究工作。

利用联机检索情报系统查找文献，可采用函检、网检或面检。函检是先向服务机构（大图书馆等）函索机检提问单，用户填好提问单后寄回，服务机构查找完毕后邮寄结果及费用清单。网检是先向服务机构购买情报的使用权限，由服务机构开通相关网络，用户即可通过计算机网络在自己工作地随意地从自己的计算机上检索并下载相关文献资料。面检是用户前往服务机构所在地，填写提问单后当即在检索终端旁等候结果。

（三）网络资源

（1）一般性网络资源。一般性网络资源是指各种搜索引擎，如谷歌、百度等搜索引擎，能直接搜索到的免费访问的各类网络资源。这些资料中政府官方网站的资料、行业协会的官方网站资料可信度高，可以大胆引用，但一般网站的资料引用一定要慎重。

（2）电子图书馆。常用的有超星图书馆、书生网等。

（3）专业数据库。指专门收集各类专业信息、学术论文的资料库，一般原查阅时需要收费。常用的数据库有 Springer Link 数据库、中文科技期刊数据库和中国知网（CNKI）数据库等。

（四）基于 Internet 的数据库信息检索

1. Springer Link 数据库

Springer Link 数据库（图 3-1）提供学术期刊及电子图书的在线服务，目前 Springer Link 数据库所提供的全文电子期刊共包含 400 种学术期刊，按学科分为以下 11 个"在线图

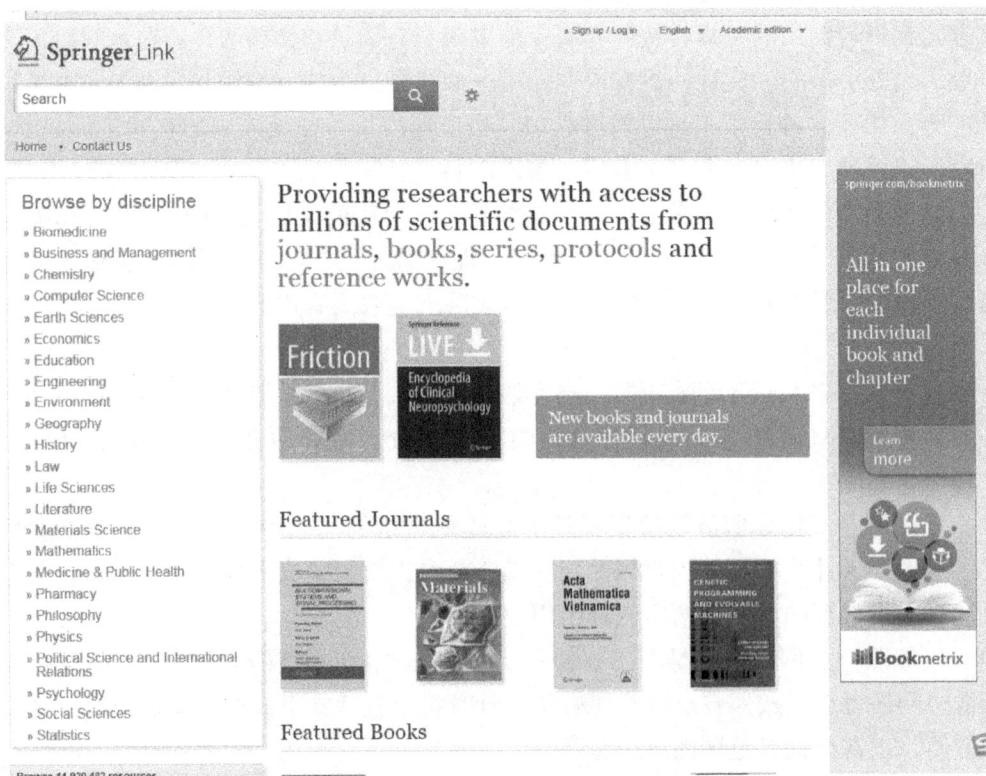

图 3-1　Springer Link 数据库

书馆"，即生命科学、医学、数学、化学、计算机科学、经济、法律、工程学、环境科学、地球科学、物理学与天文学"在线图书馆"，是科研人员的重要信息源。该数据库访问地址：https：//link. springer. com/。利用 Springer Link 数据库既可以检索文章也可以查找期刊。

（1）文章检索。文章检索可按关键词的不同组合，辅助条件的选择及不同格式的结果显示等设置的不同来进行。

（2）关键词检索。①输入关键词。在"Search For"后的文字输入框内输入关键词。关键词可以是一个单词也可以是多个单词。②关键词之间的逻辑关系。根据检索者选择的检索策略，检索者可以在关键词之间输入逻辑运算符。③检索策略。"Boolean Search"，此时若不输入逻辑运算符，则默认的逻辑运算关系为"与"，也可以让系统用检索者选择的默认逻辑关系进行检索；"All Words"，检索全部关键词；"Any Words"，检索任意一个或多个关键词；"Exact Phrase"，全部输入的内容按词组进行精确查找。④逻辑运算符。"AND"表示逻辑"与"，"OR"表示逻辑"或"，"NOT"表示逻辑"非"。⑤"＊"截词符。用于关键词的末尾，可以代替多个字符。⑥优先级运算符"、"。可使系统按照检索者要求的运算次序，而不是默认的逻辑运算优先级次序进行检索。⑦"Order By"选项。用于设置检索结果的排序方式。选择"Recency"，检索结果将按出版时间排序，近期出版的排在前面，较早出版的排在后面；选择"Relevancy"，检索结果将按照与检索关键词的相关度（或称符合度）排序，相关度高的排在前面。⑧"Within"选项。设置检索范围。选择"Fulltext"时，在全文、文摘和篇名中检索；选择"Abstract"时，在文摘和篇名中检索；选择"Title"时，只在篇名中检索。

（3）辅助检索。①限定文章的出版时间。最早出版时间和最晚出版时间都必须填写，格式为月/日/年。②将检索范围限定在选定的期刊内。要选择期刊，用鼠标在期刊列表中（按刊名的字母顺序排列）点击要检索的期刊名，再点击"Include Selected"按钮，即可将期刊添加到已选中期刊列表中。要取消选择，点击已选中期刊列表中的期刊名，然后点击"Exclude Selected"按钮，即可取消选择；也可以点击"All Publications"选项，以取消期刊范围限定。在"For:"之后的文字输入框中输入检索关键词，即可对检索结果进行二次检索。

（4）结果处理。①文章结果显示。在文章详细信息画面中有全文下载提示来说明全文收录情况。对于有全文的文章可以点击"Open Fulltext"按钮，就可以打开全文进行浏览。其所有全文都是 PDF 文件格式。②期刊结果显示。期刊详细信息中包含可以通过镜像站获取全文的全部卷（宗）次信息。点击卷次前的图标或卷次下的"（More…）"，可以查看该卷中已经出版的所有期次。点击期次可以查看该期中所有文章的清单。③可以对打开的全文进行存盘、打印。

（5）期刊检索。期刊检索的方法与文章检索类似，但要简单些。可以用"Within"选项限定期刊检索的检索范围。在期刊简介的期刊名中检索或只在期刊名中检索。既可以对期刊检索的结果进行二次检索，也可以对检索到的一种期刊中的文章进行检索。在"For:"之后的输入栏中输入检索的关键词并按"Search"键进行检索。

2. 维普中文科技期刊数据库

"维普中文科技期刊数据库"（图3-2）由重庆维普资讯有限公司研制收录了1989—1999年的出版期刊7000种，2000年后出版期刊10 000余种。学科范围涵盖理、工、农、医及社会科学（包括经济、教育、体育、法律、图书情报等领域）。数据库访问网址：qikan. cqvip. com/。

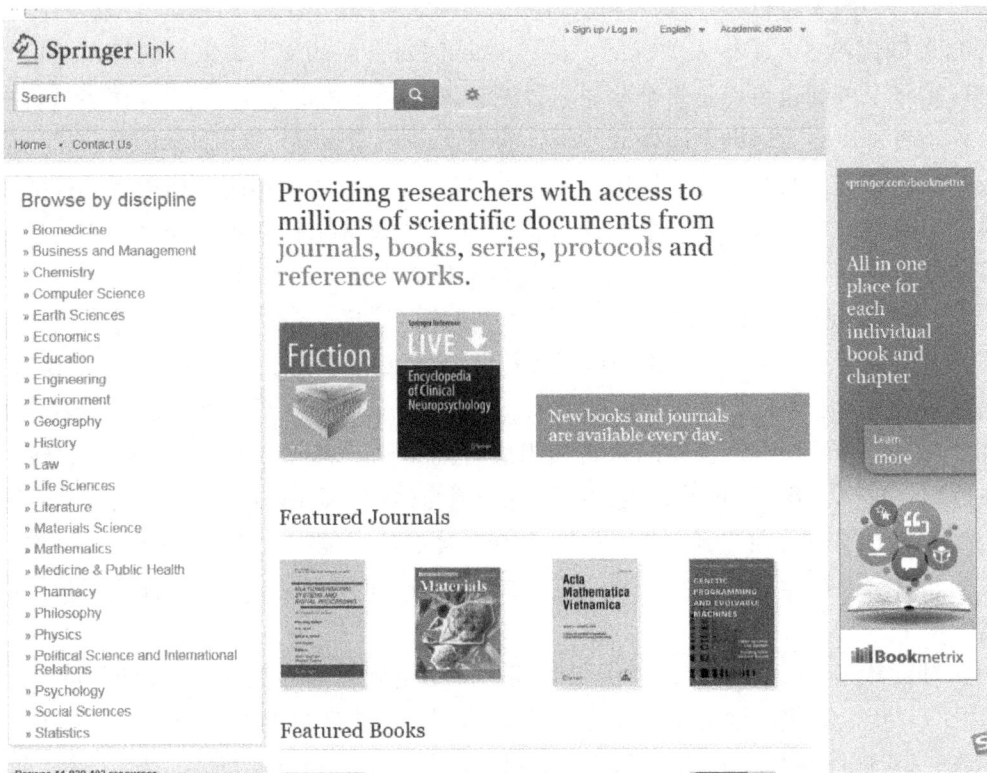

图3-2 维普中文科技期刊数据库

（1）初级检索。①常规检索。进入初级检索界面后，系统提供了9种可供选择的检索方式，包括关键词、刊名、作者、第一作者、机构、题名、文摘、分类号和任意字段。系统默认为"任意字段"，是指在所有字段内进行检索。②辅助检索包括限定检索、同义词检索、模糊和精确检索。③复合检索。二次检索，在第一次检索结果的基础上再次检索，二次检索可以多次应用，以实现复合检索。复合检索式，复合检索式的检索符号的对应关系为"＊"＝与、"＋"＝或、"－"＝非，在选用"任意字段"途径时可按布尔运算的规则书写复合检索式。

（2）分类检索。可从分类检索入口，一级一级地选择下属子类，最后一级子类包含有全部文献标题、作者、刊物名称和出版年供浏览。在该过程中，还可以输入检索词，再次缩小该类下的文献搜索范围。

（3）高级检索。检索方式与初级检索方式类似，只是高级检索提供的是功能更强、灵活度更高的检索。

（4）结果处理。①显示文献、存盘。命中文献首先以题录方式显示，直接点击某一篇文献后，可以显示篇名、作者、文摘、关键词等相关信息。点击文献题名既可以选择在当前位置打开，也可以下载到磁盘，再进行全文浏览。②打印。既可以将全文进行分页打印，也可以整篇打印。

3. CNKI 数据库

CNKI（China National Knowledge Infrastructure）数据库（图 3-3）是由清华同方光盘股份有限公司组织实的中国知识基础设施工程，其主要产品有中国期刊全文数据库（CJFD）、中国优秀博硕士学位论文全文数据库（CDMD）、中国重要报纸全文数据库（CCND）、中国重要会议论文全文数据库（CPCD）、中国基础教育知识仓库（CFED）和中国专利数据库（免费）等。数据库访问地址为：http：// www. cnki. net 或 http：//www. nj. cnki. net。

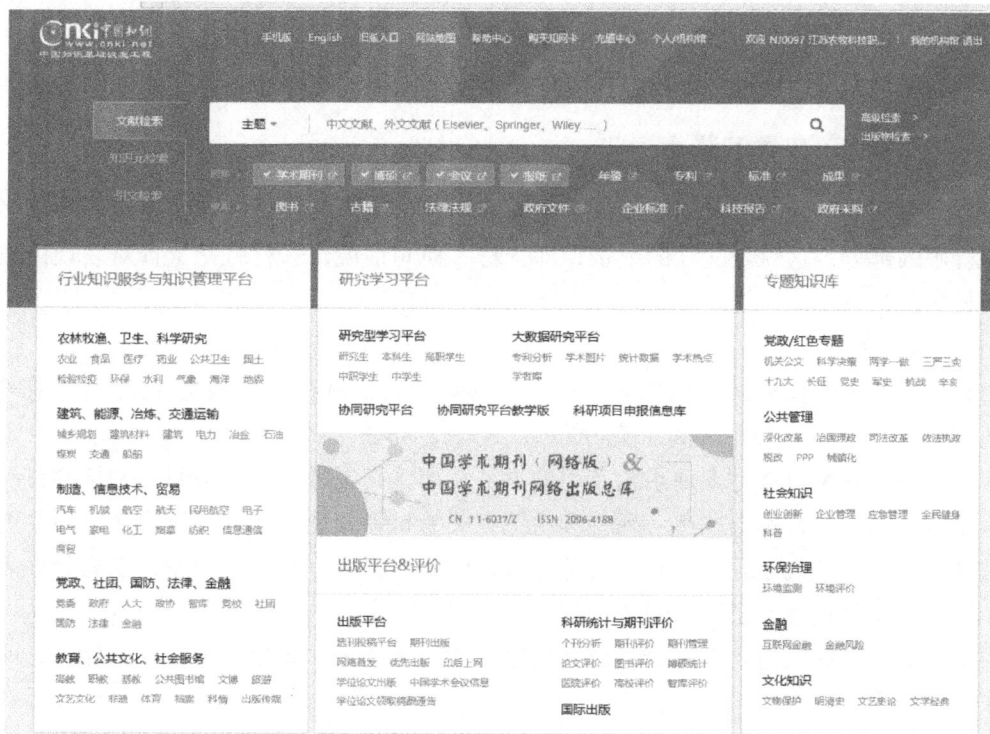

图 3-3　CNKI 数据库

使用方法如下。

（1）初级检索。①检索。进入初级检索界面后，系统提供了 11 种检索方式：篇名、作者、关键词、机构、引文、中文摘要、基金、全文、中文刊名、ISSN、发表年份，系统默认的是从"篇名"字段进行检索。②辅助检索。可按时间、排序、无序、相关度、更新日期、目录导航等进行检索。

（2）高级检索。进入高级检索界面后，选择字段、检索范围和时间与初级检索相同。高级检索根据需要在两个检索框中输入检索词。检索词之间的关系可有 AND 和 OR 两种。

无论是初级检索还是高级检索，在第一次检索结束后，都可以根据检索结果再进行二次检索。此程序可连续操作，直到检出所需结果。

（3）结果处理。命中文献系统首先以题录方式显示，直接点击某一篇文献后，可以显示篇名、作者、文摘、关键词等相关信息。在高级检索结果显示页面中，还可以通过"同类文献""引用文献""被引用文献""相似文献"等超链接点进行聚类检索。

中国期刊网提供了 CAJ 全文下载和 PDF 格式文件下载两种全文下载方式，可以任意选择。同时既可以选择在当前位置打开，也可以下载到磁盘，再进行全文浏览，利用系统的打印功能，可以对全文进行打印。

第3节　文献筛选与阅读

搜集到的文献不可能在毕业论文写作中都被采用，这就要求我们将这些文献进行认真的筛选，挑选出其中有用的文献，再进行有计划、有目的的阅读。

一、毕业论文文献的筛选

毕业论文的主题需要通过一定的材料来表现。写作论文时，通常要在搜集到的众多材料中选择有用的部分，这就是文献的筛选，即选材。换句话说，选材就是选择对表现论文主题有用的材料。

（一）选材的标准

材料在论文中的任务是表现主题，因此，选择题材的标准就是看它能否表现主题。为此，选材时必须做到"必要"和"充分"。

所谓必要，就是只选对表现主题有用的材料。那些与主题无关或关系不密切的材料，无论得来是多么不易，都不应入选。即使和主题有关的材料，也不能都写进论文，而要进行比较，选择那些最能表现主题的材料。所谓充分，就是材料要有足够的数量，能充分地表现论文的主题。有的材料虽然很好，但数量很少，难以支持主题。

因此，必要是就质而言，充分是就量而言。质是量的根本要求，量是质的保证，两者相辅相成，缺一不可。

（二）选材的原则

（1）真实可靠

作为表现主题的材料，必须真实可靠，客观存在，并反映事物的本质。在一篇论文里，只要有一个材料不真实，就会引起人们的怀疑。要确保题材的真实性，除了必须树立严肃认真的科学态度和实事求是的良好作风外，还必须注意以下几点：①对于直接材料，要反复核实，不要偏听偏信，不要凭想象推测，不要把可能当现实。要亲自调查研究，获取信息。在科学实验中，操作要正确，观察要仔细，记录要准确。②对于间接材料要求其来源可靠，从多个方面进行考证，防止出现以讹传讹。③要注意认清"真实"材料的实质，不能以偏概全。局部真实的材料，从全局看并不一定具有普遍性。所谓材料真实，不仅要看是否真有其事，而且要看这个事实是否具有普遍性，它说明的是局部问题还是全局问题，不能把一些非本质、非主流和非全局的事实，扩大为本质、主流和全局的事实。

（2）典型必要

选材要选那些最能说明事物本质、特点，具有代表性的典型材料。典型材料，能把道理具体化，把过程形象化，有较强的说服力。要使材料具有典型性，就要深入挖掘，认真比较，精心选择。对于在典型程度上难分高低的材料，要结合论文的主题，选用那些最有新意的材料，舍弃意义雷同的材料。写论文时，不可能也没有必要把所有称得上典型的材料都写进论文。材料的典型性和必要性是一致的。必要的材料都应该具有典型性，非典型性的材料多数也是不必要的。只有通过既典型又必要的材料表现主题，才能切中主题，起到以一当十的作用。

（3）新颖及时

这里的新颖性包括两方面含义：一方面是指前所未有，即近期才出现的新事物、新理论、新发现、新方向；另一方面是指某种事物虽早已存在，但人们尚未发现其价值。所以，新颖性不仅仅是对材料产生的时间有所要求，更重要的是要从普遍常见的材料中，发掘别人尚未利用过的内容。没有新颖的材料，就难以写出新颖的文章。材料是否新颖，还与看问题的角度有关。角度就是事物的一个侧面，一个事物可以从多个侧面去观察、论证，从不同的角度观察和分析问题，可能给人耳目一新的感觉。

总之，选择材料时，在充分的材料中，要选真实可靠的；在真实可靠的材料中，要选典型必要的；在典型必要的材料中，要选新颖性的。

二、毕业论文文献的阅读

对已搜集到的文献信息材料，特别是文字材料，根据课题研究和论文写作的需要，首先要进行有计划、有目的的阅读，力求掌握其精华内容。阅读的方法可分为略读、选读、研读3种。

（一）略读

略读也称为翻阅、浏览。它的特点是只求了解材料的梗概，不求甚解。在对已有的材料不知底细的情况下，一般都必须经过这一步骤。通过略读，一方面可以了解材料全貌，确定其有何参考价值；另一方面可以分清材料的主次、轻重，以便有计划、有成效地阅读。

略读是选读和研读的基础。略读材料的方法：看文献标题、作者、出版者，了解材料所属范围及其价值；看材料的大小题目，了解全文内容要点和结构纲目；看两头，就是只读文献的两头，即序言、前言、绪论和后记（跋、附记），了解作者的写作意图、写作经过和今后的研究动向；看文献的摘要、关键词，了解文献的大意。

（二）选读

就是有选择的阅读。选读的方法是根据文献标题、摘要和目录等信息，确定阅读的主次顺序，主要的先读，次要的后读，或只选取文献中有用的部分阅读。如果文献或文献中的部分内容与所掌握的文献重复或无创新内容，则可弃之不读。

（三）研读

就是对重要的文献的全文或文献的部分章节进行仔细阅读，从研究的角度，充分地理解内容，并从中获取自己可用的资料。对一些重要的数据、结论，可加以摘录，必要时应予以记忆。研读要求对文献内容理解、吃透。为此，对一时未能读懂、没能充分理解的材料，要反复阅读，并辅以其他方法，直至把文献中包含的意思挖掘出来，完全理解。

阅读材料，要讲究科学性。最好是先读中文资料，后读外文资料；先读综述性资料，后读专题性资料；先读近期资料，后读过期资料；先读文摘，后读全文；先略读，后研读。

第4节 文献的管理

确定了材料源，将材料源变成有用的资料，还需要一个汇总文献和分拣文献的管理过程。

一、毕业论文材料的汇总管理

（一）做笔记

任何一个毕业论文的撰写者在阅读书刊时都要做笔记，要随时记录下所需要的材料内容或有关的想法体会、理论观点等。在做笔记时，最好空出合适的位置，来记载对有关摘录内容的理解、评价和体会。做笔记的基本方法包括摘录、提纲、提要和改写。做摘录是根据毕业论文研究课题的需要，把有关书籍和杂志中文章的重点和精华部分摘录下来，也可以把调查对象谈话的重点和精辟之处摘录下来。在摘录时要注意忠实于原文和原话的内容，不能断章取义。做提纲就是编写查阅和访问到的材料的提纲，以便记录相关材料的观点和见解，启发自己的思路或提供一些例证。做提要就是对相关材料的内容、主要观点、例证和数据等进行简要的介绍，提要的内容要少而精。改写就是用自己的语言把所需要的原文材料进行改写，使客观材料和自己的主观见解能够融为一体。

（二）做卡片

收集材料时使用卡片，比较容易进行分类、保存和查找，并且所做的卡片可分可合，可以根据需要灵活地进行组合。一个问题可以写在一张卡片上，内容较多的可以写在几张卡片上。是否做卡片或者如何做卡片可以根据个人的习惯来进行。

（三）剪贴复制

在阅读报纸杂志时，如果遇到有用的材料可以将其剪下来或复印，粘贴到笔记本或卡片上，这样就可以节省大量的抄写时间。

（四）做目录、索引

目录和索引是学习和检索材料的工具。目录是用来记录图书名称、作者、版本等的；索引则是用来汇集编排散见于图书期刊中的相关材料的，在编排时一定注意标明出处和页码。

（五）标注

想要提高阅读效率，还可以采用标注的办法。可以用自定义的各种符号在书刊上边读边做标记，也可以在自己的书刊的空白处写眉批、评注和感想。符号标记是用简单、醒目的符号，在自己认为精彩实用的语句、段落、公式、论点、论证、结论、疑问等处做上标记。这样不仅重点突出，也便于阅读、查找和加深理解，促使知识不断深化。眉批和评注是在读到有感触和疑问之处时，在书刊的书眉空白处，写出简短的评语、注释、心得等，这样易于活跃思维，产生创建性的构思。

无论是用卡片收集资料、摘录资料，还是剪贴资料，都必须注明出处。如果是著作，则要注明作者、书名、出版单位、发行年月；如果是报纸，则要注明作者、篇名、版次、报纸名称、发行年月日；如果是杂志，则要注明作者、篇名、杂志名称、卷（期）号、页码等，以便附录在毕业论文的后面作参考文献。

所有的材料都应该集中存放，如果做成了文字卡片，则应该集中存放于卡片盒内；如果存入了硬盘、移动存储设备或云盘，也要注意使之相对集中，并做好备份，以防文件丢失或损坏。

另外，对收集的资料不要随手一放，置之不理，要认真阅读，仔细加以分类，进行研究。

根据出版内容，科技文献资料可以分为：一次文献，即原创文献，如期刊论文、科技报告、学位论文等；二次文献，即经过加工整理后供查找资料用的工具，如文摘、索引等；三次文献，即某学科领域内科技成果的高度浓缩，如综述报告、专著等。

材料的整理，就是在鉴别的基础上按照材料的性质、作用进行分类和排队的过程。

二、毕业论文材料的分类管理

材料分类工作本身具有很强的研究性，需要静心专注而为之。材料一般会根据论文写作的需要进行分类，每一种分类都是为达到一定的材料利用目的。以下是一些常用的分类方法。

（一）按材料项目分类

1. 按材料出版的时间分类

按材料出版时间分拣材料，有助于把握课题所涉及的有关内容发生、发展、演变的脉络，为课题的深入研究提供思路，也为毕业论文的文献综述撰写提供思路。这种分类有助于学生将注意力集中于本课题的最新研究成果，关注新的数据材料、新颖的见解。

2. 按材料研究的内容分类

按材料研究的内容分类可将材料分为理论类材料（如概念、理论、方法、公式、法则等）、事实类材料（如调查资料、统计数据、观察实验数据、现象、实例等）、随想类材料（如感想、联想、心得、自己的观点等）。理论类材料是研究的理论基础，要准确；事实类材料往往是论证的依据，要可靠；随想类材料给毕业论文写作提供思路和创新的火花。

3. 按材料来源分类

材料有些来自书本；有些来自实地调查或亲手实验；有些是第一手资料；有些是推演的结果；有些是母语记载的；有些是译自外文的；有些是经典论断，或权威人士、知名专家的相应观点；有些是新研究者的观点；等等。来源不同，价值大小与可靠程度也就不同。有价值的材料是撰写毕业论文的主要参考资料。

4. 按材料载体分类

按素材的不同记录方式、承载媒体分门别类，材料显得整齐，收拾起来也方便。以载体分类只注重了材料的形式，虽易于材料的收存，但使用时，往往还要将不同载体的材料聚拢起来。

5. 接材料可靠性分类

将第一手资料与第二手资料区分；将存疑的材料，有待查证的数据和其他需要核实的内容与已核实可靠性的材料区分。这种分类有利于提高毕业论文采用资料的可靠性，对写作中需要使用但又有待查证的数据和内容做进一步的查证和核实。

6. 按材料价值分类

新观点、新素材、重要的论据、立论的基础，乃至着力澄清或反驳的内容等，都是极有价值的重点材料，与之相对的是一般性材料。同类型的重点材料倘有若干个，还应再次依其对本议题价值的大小，将其依次分拣出来。因为最终用在论文中的材料贵于精，而不在于多。

（二）按论点分类

按论点分类是按一定的论点（根据资料综合而成的观点或自己拟定的观点）或论文的写作提纲，把材料分系列编组，如图3-4所示。

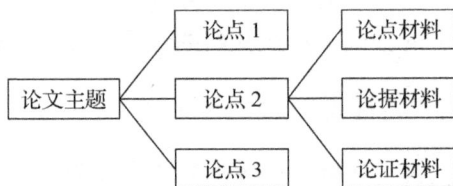

图3-4　毕业论文材料按论点分类

这种方法，以一个观点为统领，把所有与这个观点有牵连的论点、论据、论证及其方法、手段、实验、数据、例题等材料组成一个树形结构。使学生对材料的理解和认识条理化、系统化。一般在搜集、阅读和记录材料的过程中，对事物的了解是依据接触的先后次序，一个个分别进行的，不可避免地有相对的片面性和孤立性。

经过这样的分类，零散的客观材料被套合成一个思想体系，对事物由单独考察变成为综合。在事物的纵与横的比较分析中，探求事物各方面之间的差异和联系，易于使我们从对资料的感性认识上升为理性认识。

以上所述的两种分类法，各有所长，各有所短，最好是同时使用。当然，对材料还可按其他逻辑顺序分类，如按课题直接相关知识和外围知识分类，或者按基本材料和参考材料分类。经过分类后按门类编号，分别存放，便于使用时查找。

材料的分拣往往是伴随着材料的收集和使用过程不断地进行的。一次分拣过后，有必要采用另一个依据继续对已经分拣出来的某些材料进行二次分拣。在课题研究的过程中，有时候需要变换不同的分类标准去对相同的研究素材重新加以认识，以期从中获得新的视角、新的感受和新的启示。对于分拣完毕的材料，可以将其编上代号，在论文的提纲上进行"对号入座"地标注，撰写论文时有选择地使用。这正是一些研究者驾驭大文章的基础，也是另一些研究者，能在同一时间内分出身来面对几个课题而能保持思路清晰、成果迭出的一大秘诀。

第4章 毕业论文（设计）写作

在确定了毕业论文（设计）的选题、完成了相关资料收集的基础上，如何着手进行具体的写作过程，是毕业论文的中心环节。内容主要包括毕业论文（设计）的起草、写作和修改，以及写作中应该注意的关键问题。起草论文前首先要拟定提纲，有全局观念，突出中心论点，安排好论文各部分之间的比例。撰写初稿时，充分运用参考文献，围绕中心论点来写，同时还要注意语句通顺、自然，重视措辞的专业性和科学性。通过多次客观、整体地修改论文，推敲中心论点是否突出，各层次、段落是否安排合理，使认识不断深化，使论文趋于理性和成熟。

第1节 毕业论文（设计）的起草

在起草论文初稿时应当注意，虽然是初稿，但是在文章的结构形式及文字表达等方面仍然要求严格，切不能因为有一个"初"字就简单、粗糙地应付，这不仅会给论文修改造成很大困难，也会给指导教师的工作造成障碍，更会养成不良的写作习惯。所以，在初稿完成时，其结构应当完整规范，标题、摘要、关键词、正文、致谢、参考文献、附录等要齐备，文字表达也要通顺、流畅，不允许有过多的错别字和病句。在有条件的情况下，可向指导教师同时提交打印文稿和电子文稿。

一、拟定论文提纲

在毕业论文题目确定以后，正式起草毕业论文之前，拟定写作提纲是十分必要的。拟定提纲是进入毕业论文写作状态行之有效的办法之一，其作用主要是帮助撰写者梳理写作脉络、设计论述框架和理清论据材料。事实上，拟定提纲的过程，本身就是理顺思路的过程。经过反复地推敲和思考，思维会更加缜密，论文布局会更加有序。反映到行文内容和结构形式上，自然层次分明、有条有理。因此，论文提纲的质量直接影响到初稿撰写的质量。一般来说，提纲写得越完善，写作的脉络就越清晰。

（一）拟定论文提纲的意义

1. 有利于论文的谋篇布局

拟定提纲时，作者为了把材料组成一个中心明确、论证严密、条理清楚、详略得当、具有说服力的合理体系，就必须充分考虑和把握全文的谋篇布局、层次设置和逻辑顺序等多方面因素，使其有机地结合起来，形成一条明晰、畅达、连贯的思路。

2. 有利于论文的整体进程

提纲是论文前期形态的简化形式。当作者的思路理清并加以定型的时候，论文的中心论点与各分论点、论点与材料、材料与材料之间的逻辑关系也就清晰起来了。作者据此对它们进行合理安排，使之各得其所，从而形成一个中心突出、层次井然、疏略适宜、结构严谨的论文框架体系。因此写作起来有据可依，有利于论文的写作进程。

3. 有利于论文的修改过程

修改定稿的时候，以提纲为参照，会更清楚地意识到写作中所存在的不足与缺陷，就容易对症下药，找到恰当的修改方法，最终写出自己满意的毕业论文。同时，拟定论文提纲也为论文写作时需要再收集材料提供了依据。根据提纲可知，哪些已有的材料是可用的，哪些材料是多余的，哪些方面的材料还有欠缺，等等，从而确定材料的取舍。

（二）拟定论文提纲的基本原则

1. 全局观念

从整体出发去检查每一部分在论文中所占的地位和所起的作用。看看各部分的比例分配是否恰当，篇幅的长短是否合适，每一部分能否为中心论点服务。

例如，有一篇畜牧兽医专业毕业论文，论述一例猫脂肪肝病例的诊治过程，论文主要写了该病例的诊断和治疗。从全局观念分析，我们就可以发现该论文只讲了这个病例如何诊断、治疗并好转的，并没有探究发病的原因、以后的饲养过程中如何预防，为饲养和诊疗提供参考。因此，这篇论文没有全局观念，论述不透彻。

2. 突出中心论点

根据中心论点的实际需要，决定材料的取舍。坚决舍弃与主题无关、关系不大或陈旧的数字统计等材料。因为材料是为论点服务的，无论多好的材料，只要与所写论文无关，就一定要舍弃，才能使论文的中心论点突出。

例如，有一篇畜牧兽医专业毕业论文，对奶牛乳房炎的防治方法进行了综述，在引言部分引用了大段奶牛不同品种及全球饲养规模的数据资料，虽然数据翔实、统计严谨，但是和本文的主要内容——奶牛乳房炎的防治方法关系不大，应果断删除。

3. 理清逻辑关系

为了有说服力，论文主要部分间必须有清晰的逻辑关系。拟提纲时特别要注意这一点。例如，要写一例病例的诊治，首先要明确该病的危害有哪些，我们为什么要重视它，接着可简单综述该病目前的研究进展，主要的诊治方法有哪些，然后再重点写这个病例的病史、诊断、确诊、治疗、预后等详细过程，其中要尽可能充分地提供并分析诊断和治疗资料，解释诊断和治疗的结果和依据，最后要对整个发病、诊断和治疗过程进行总结，为未来该病的防治提供理论和实践参考。

4. 安排内容比例

一般来说，高职畜牧兽医专业病例分析类毕业论文的基本结构由介绍疾病、诊断疾病、治疗疾病和总结分析 4 部分组成。第一、第四部分在提纲中都应比较简略，第二、第三部分是论文的主体和重点，要集中笔墨写深写透。因此，在拟定提纲时，第二、第三部分要详细、全面。这两部分应充分提供数据资料，层层深入，有理有据地将病例讲深讲透。

（三）拟定论文提纲的具体步骤

1. 确定文字篇幅

根据论文的内容考虑篇幅的长短，也就是文章的各个部分大体上要写多少字。这样的意向性字数分配，便于资料的配备和安排，使写作更具有计划性。高职畜牧兽医专业毕业论文的长短，一般以约 3000 字为宜。如一位同学准备写一篇正文约 3000 字的论文，可分配为引言约 300 字，主体约 2200 字，结论约 500 字。

2. 编写论文提纲

一篇论文提纲应反映出以下几点内容。

（1）标题及副标题。

（2）论文的写作意图，包括选题理由、题材价值、中心思想等。

（3）内容纲要。这是提纲的主要内容，也是论文结构的骨架。

（4）主要参考资料。

提纲有简要提纲和详细提纲两种。简要提纲一般只有两个层次：扼要地提示论文要点；编排论文目次，至于各部分怎样论证、用哪些材料、何种方法等都不写。详细提纲，即列纲目，还要写出每部分的主要论点、论据、材料、论证方法及篇幅大小等详细内容。简单提纲和详细提纲都是论文的骨架和要点，如果考虑周到，调查详细，可用简单提纲；但如果考虑粗疏，调查不周，则必须用详细提纲，否则，很难写出合格的毕业论文。

提纲的写法有列项式和陈述式两种。列项式提纲是粗线条地搭起的全文大体的框架，即作者用简洁、概括的句子、材料序号，把中心论点、分论点、材料一一排开，制成一个草图。列项式提纲的特点是一目了然、简明扼要，便于作者与指导教师或他人共同讨论、研究。其优点是写作便捷，缺点是别人不易理解。陈述式提纲是用不加任何修饰的陈述句，直白的把分论点和材料，分段、分层地表述出来。这种提纲不但在内容上已经成熟，而且可以显示外形，成为论文的雏形，写作时只需按着提纲的顺序往下写即可。但是陈述式提纲花费时间较多，可在论文的重点部分使用。

提纲写好后，还有一项很重要的工作不可疏忽，这就是提纲的推敲和修改。提纲的推敲和修改要把握两点：一是推敲题目是否恰当，是否合适；二是推敲提纲的结构。先围绕所要阐述的中心论点或说明的主要议题，检查划分的部分、层次和段落是否可以充分说明问题，是否合乎道理；各层次、段落之间的联系是否紧密，过渡是否自然。然后再进行客观总体布局的检查，再对每一层次中的论述顺序进行"微调"。思维导图适用于围绕中心主题展开的思维过程，有助于将各种零散的智慧、资源等融会贯通成为一个系统，便于高职学生确定毕业论文的逻辑框架，理清思路，在拟定提纲时可使用。

二、撰写前的准备工作

（一）参考资料的再整理

在选题、收集材料的过程中，我们已经积累了大量的相关材料，并做了初步的材料整理工作。当进入正式的写作阶段之前，还需要对材料进行再次的整理，以保证论文的顺利完成。要对所收集的众多材料进行认真的分析。并非每一个材料都有价值，因此要认真阅读，仔细鉴别，攫取精华，充分发挥其学术价值。要检查主要的材料是否完备。材料多而齐全，没有遗漏，是最理想的。但是，实际上我们很难做到把所有的相关材料都毫无遗漏地收集起来，这就要围绕论文的核心问题收集主要材料，为论证所用。

（二）论文选题的再审查

在论文正式写作之前，对论文选题进行最后的审查是十分必要的。要从时间、条件、意义等方面对选题再做审查，最终确定。否则，在写作的过程中因上述问题而停笔，就会浪费时间、精力，走弯路。审查论题要注意以下两点：

（1）主客观条件是否完备。要分析自己的长处和短处，还要搞清社会的需要和学科发展的趋势。这样才能扬长避短、发挥自身优势，选取最利于发挥自己才智、能力的问题。

（2）写作时间是否充足。作为毕业论文，有很严格的时间要求，要确保在规定的时间内完成。如果选题太大，写作任务过重，就需要进行调整。

（三）论文提纲的再检查

从文章整体出发，检查每一部分在论文中所占的地位和作用。看看各部分之间的比例分配是否恰当，文章篇幅的长短是否合适。要考虑各部分之间的逻辑关系。初次写作者常犯的错误是论点和论据之间没有必要的联系，各个部分之间没有形成有机的逻辑关系，论证论点缺乏有力的论据等。在检查时，要予以特别注意。

上述各方面的检查，不一定要局限在固定的时间段内，也可以在写作的过程中随时检查，如有问题，可立即修改和补充。在一切准备工作就绪后，就可以进行论文写作了。

三、确定基本格式

高职院校毕业论文的构成一般包括封面、中英文摘要、中英文关键词、目录、正文和参考文献等。以江苏农牧科技职业学院为例，各部分内容和格式如下。

1. 封面

封面包括论文题目、论文作者、指导教师姓名和职称、论文完成日期等。论文题目应该能够概括整个论文最重要的内容，简明、恰当、引人注目。

2. 中英文摘要

摘要是论文基本内容的高度浓缩，是论文的重要组成部分。它要求准确把论文的主要内容概括出来，一般不做主观评价，文字要求精炼、明白，能独立成文。字数大概为200～300字。摘要只能用第三人称来写，不应出现图标、公式，也不应出现注释和评论。外文摘要一般出现在中文摘要的后面，其内容为题名、作者、单位及原中文摘要的内容。中文摘要翻译成英文时，可以原文照译，也可以扩充或压缩，篇幅不超过250个实词，动词时态通常用现在时，常用被动语态。

3. 中英文关键词

关键词是论文中起关键作用的、最能说明问题的、代表内容特征的或最有意义的词。每篇文章的关键词3～8个。它可以是词、词组或术语，具有意义单一、指向性强、体现论文特征等特点，可用于计算机检索。同一篇论文中的关键词不能有同义词。

4. 目录

目录由论文章节编号、论文二级标题和三级标题及其出现的页码组成。目录应单设页码排在论文正文之前。

5. 正文

正文一般由 3 部分构成，引言、主体和结论。引言又称前言，应当简述论文所涉及领域的研究现状，介绍论文的意义及价值，引出论文的切入点，概述论文的结构等，200～300字为宜。主体是论文的核心部分，如果论文内容较多、篇幅较长，一般分章节。章节应用小标题，同级标题应尽量保持结构、内容和长短的一致。结论是对整个论文的总结和概括。结论中除了对本论文核心观点进行强调外，也可以指出研究中遗留的问题或有待进一步研究的问题。体现论文分量的文字往往出现在结论部分，它反映了作者所要表述的观点，对全文起概括、总结、强调和提高的重要作用。

6. 致谢

致谢是感谢对论文做出贡献的组织和个人的文字记载。包括参与指导论文工作的人员、为研究提供支持的单位和个人等。

7. 参考文献

参考文献也称参考书目，出现在论文末尾。一般包括图书、期刊、专利等，应按照格式要求列出撰写论文过程中参考的一些文章或资料。

四、撰写初稿的方法

论文初稿撰写的方法因人而异，常见的方法有以下两种。

（一）按照提纲顺序依次起草法

论文提纲的顺序排列，是作者经过反复思考、精心安排的，是事物本身内在逻辑的反映，也是作者认识事物的过程。因此，按照提纲的顺序，先提出问题，再分析问题，最后解决问题，就可以做到自然流畅，全文贯通，一气呵成。此种方法适合对全文各部分的内容都已酝酿成熟，各种材料也已准备齐全的写作者采用。

（二）打破提纲顺序分段起草法

由于毕业论文的篇幅较长，各个部分内容的成熟程度有先有后，因此也可以把论文分成若干个相对独立的部分或章节，一部分一部分地起草。各部分完成之后，再统筹兼顾，考虑衔接过渡，最后形成一篇完整的文章。这种写法的好处是能够集中精力写好每一部分，有利于保证论文的质量。对于初写者来说，这种写法可以分散难点，各个击破，更容易把握。需要注意的是采取分段写法要根据实际情况，制订出分阶段写作计划，既要保持各个部分之间的相对独立性，又要保证全文的完整统一性。

五、撰写初稿的注意事项

虽然强调在拟定提纲阶段对论文的材料、逻辑和结构等尽可能做好处理和布局，但毕竟提纲只是一个写作框架，一些细致的东西反映不出来，当将提纲演绎为完整严密的论述时，难免会遇到问题。所以，即使是在提纲较为完备的情况下，撰写初稿时仍要注意以下问题。

（一）注重论文题目的表述

论文撰写者要事先考虑到别人通过网络查询该论文题目时，可以利用论文里的关键字查找。即使学术资料库的查询系统大都已经涵盖关键字，甚至摘要，但是核心的关键字还是以出现在论文题目中为宜。

（二）注重论文内容的逻辑性

注重论文的逻辑关系是关乎一篇论文写作质量高低最重要的问题，论文逻辑关系的处理也是最难的一个环节，有时即使是在拟定提纲时已经做了比较充分的考虑，也不能完全避免在写作时会遇到逻辑困难，而且这种困难的类型和内容千差万别，有些甚至不是单纯的写作问题，可能还涉及思想方法、知识储备等问题。

（三）注重语言表达的准确性

撰写毕业论文所使用的是科学语体，所以要注重文章的准确、简明、专业。准确是一切学术论文语言表达的第一要求，包括事理明确、事实准确、数字准确、引文准确，还要做到用词恰当、语义明确、句意严密、格式规范、标点准确等。论文的语言要简练明白，力戒浮词套语、重复累赘。毕业论文初稿应在论文中期检查时形成。这时论文虽然有了雏形，但仍不可放松，接下来将是更为严峻的完善与修改的任务。撰写者必须本着精益求精的思想提高初稿撰写质量，在不断地检查与调整中完善毕业论文。

第2节　毕业论文（设计）的写作

当确定了选题，并围绕选题进行了材料的收集、整理和分析，初步形成自己的学术见解，且明白了论文的写作格式之后，接下来便进入了毕业论文的写作阶段。写作过程并不是对所有材料的综合叙述和对研究结果的简单记录，而是对一个研究对象和学术观点的认识进一步深化和表达的过程，并且还应根据需要继续收集和分析与论文题目有关的材料。另外还需要掌握论文的结构和行文，讲求谋篇布局的技巧，只有这样，才能写出结构合理、行文流畅的高水平毕业论文。

一、毕业论文写作中常见的问题

学生在大学阶段主要是基本知识、基本理论和基本技能的学习，因此，尽管论文写作经过了刻苦努力和教师的指导，但写作的毕业论文中肯定还会存在一定的问题，体现在以下几个方面。

（一）结构方面

毕业论文不仅应有正确的立意，还要求结构合理、格式规范。毕业论文不仅要做到"言之有理""言之有物"，还要做到"言之有序"。毕业论文的结构也有规律性。毕业论文的结构要在中心论点的支配下，把各个论证部分严谨、周密地组织起来，分清主次轻重，做到层次分明、详略疏密有致。常见的结构方面的问题有以下几种。

1. 结构失衡

毕业论文要浑然一体，布局完整。但有的毕业论文开头既没有说明选题的来源或研究目的、意义，也没有交代研究的方法和调查的手段，一开始就列举大量事实和数据，让人觉得"没头没脑"。有的结论部分没有个人的观点和见解，缺乏必要的分析和评论。还有的论文结构失衡，如该详细的不详细，该简略的却又过于冗长。这些问题的出现，就会使毕业论文的结构不完整、失去平衡。

2. 缺乏条理

毕业论文要有层次、有条理。但有的毕业论文内容上东拼西凑，甚至前后重复、矛盾，层次既不遵循各部分内在逻辑顺序，也不符合作者和读者的认识规律；有的缺乏总体布局观念，前后不衔接，缺少自然的过渡，使人感到生硬和不连贯；有的论文分段太长，甚至一连几页也不分段，或是几千字的内容，中间不用序码，也不加小标题，显得层次不明，阅读起来比较费力；有的论文只提出结论，不作任何分析，简单地用"由此可见"，"大量事实证明"等语句代替分析过程。

（二）内容方面

1. 摘要

摘要也叫内容提要或内容摘要，是全文内容的缩影。相对而言，是毕业论文写作中最容易出现问题的地方。例如，摘要过于简单，信息量不足，不能确切地表达论文的主要内容；不够简练，篇幅超过限定的字数；关键词数量过多或过少，用词不当；出现了图表、公式，或是对毕业论文内容的评论及自我评价；需要有外文摘要时，外文摘要翻译不准确。

2. 引言

引言主要是引出毕业论文的主要内容。有些毕业论文的引言夸夸其谈，长篇大论，许多内容与主要研究内容关系不大，没有很好地起到引导本论的作用；有的引言整段抄录教科书的有关内容，对一些人所共知的一般知识，不厌其烦地作介绍，却不提及自己的研究任务和课题的意义，内容空泛，文不对题。

3. 结论

结论是通过大量理论和事实依据进行分析论证后的归结点。很多毕业论文的结论也不符合写作要求。例如，有的论文在写完研究过程和所能获得的数据材料之后，没有归纳和总结，也没有评价与建议，不能完整、准确地表达自己的研究成果或结果。这样的毕业论文反映不出研究的最终成果，无法确定研究或设计任务是否完成和完成的质量。还有一些毕业论文在结尾处写上几点老生常谈的体会，这种肤浅的认识和感受，是不能代替论文结论的。

（三）材料方面

毕业论文材料是分析提炼主题的基础，是用来说明或论证意图及观点的。因此，材料的选择和使用一定要恰到好处。常见的材料方面的问题有以下几种。

1. 材料和观点不统一

毕业论文不能只有空洞的意图或观点而没有材料，也不能只有材料而没有意图或观点，所以，材料和观点要统一。有些学生通过网络、图书馆或资料室七拼八凑了毕业论文的字数，但仔细一看，所用的材料与主题根本不相关。

2. 选择的材料不够典型

所谓典型材料，是指那些最有特征、最有代表性，能有力地揭示事物的本质，能集中地表现毕业论文主题的材料。例如，有的学生写某某疾病的诊治，但是选择的病例却不是一例典型病例，不具备该疾病的典型症状，在书写诊断过程及分析时就难以做到抽丝剥茧，思路清晰。

3. 选择的材料不够真实

所谓材料真实，是指材料确实是客观存在的，能反映客观事物的本来面貌。毕业论文中所运用的材料真实，论点才站得住，才有说服力。而有些畜牧兽医学专业的学生在写毕业论文时，人为给病例材料添枝加叶，甚至凭空编造出一个病例进行分析。这样学术造假的论文显然是不符合要求的。

4. 选择的材料不够新颖

选择新颖的材料，能增强论文的现实性，使人耳目一新。这就要求我们在实习中要关注新疾病、新问题、新趋势，写别人没有写过，或者很少写到但又有现实意义的主题。有的毕业论文，选材不新颖，用一些过时的陈旧案例，没有新鲜感和现实性，对专业生产的指导意义也不大。

（四）论证方面

深透的说理和严密的论证，是论文重要的本质特征。对于畜牧兽医专业的毕业论文来说，诊断和治疗必须建立在临床症状、病理变化或实验室检查结果等基础上，否则难以令人彻底信服。论证缺乏包括论据欠缺、论证不畅、理据相悖、逻辑性不强等。

（五）表达方面

畜牧兽医专业的毕业论文要具有科学性和平易性，也就是要求论文的结构和内容层次分明，符合逻辑，符合事实与真理；要求论文的语言简洁朴素、精练生动，能恰如其分地表达论文的思想内容，使人乐于接受。大学生较容易出现的问题是语言表达不清、用语不够专业，主要表现在以下几个方面。

（1）用词不准确。例如，"反应速度随温度的加大而增多。"这句话中的"加大"应为"升高"，"增多"应为"加快"；或是在论文中用了太多的模糊词，如"大概""仿佛""好像""可能""似乎"等，这是毕业论文写作的大忌。

（2）句子不简练。写出的句子过长，让人读起来费力，或者是句子没有实质内容，句意空虚，影响论文内容的表现。例如，论文中常出现这样的语句："几个月来，我在论文指导教师和实习指导教师的指导下，发扬了百折不挠、艰苦奋斗的精神，夜以继日，经过多次的实验观察，认真总结了成功与失败的经验和教训，终于弄清了这个问题。"这样的语句就是句意空虚的句子，它写得像宣传报道，用在毕业论文中是不恰当的。上述语句，只需改为"实验结果表明"即可。

（3）语法有错误。构成一个句子最基本的成分是主语、谓语和宾语。在比较复杂的句子里，还有宾语、补语和状语等连带成分和附加成分。在一般情况下，句子成分，特别主干部分是不能随意省掉的。如果省掉了不该省略的成分，句子就残缺不全，意思就不能表达清楚。

第 3 节　毕业论文（设计）的修改

论文写作，从确定选题到收集整理材料进行研究，再到执笔写出初稿，是要经过相当长的时间的。严格地讲，从论文的选题到资料的收集，从草拟提纲到初稿的撰写，从初稿的完成到最后的定稿，都是酝酿、构思、写作和修改相结合的活动。而初稿完成后，论文的修改则是对论文做全面的、整体的修改，它是保证论文质量的重要环节。修改过程中，作者的着眼点可以从局部写作转移到总体审视，可以客观、整体地检查，推敲中心论点是否突出，各层次、段落是否安排合理，使认识不断深化，使论文趋于完善。作者反复修改论文，以科学研究的高标准要求自己，也是尊重他人和尊重自己的高度负责的表现。

一、毕业论文修改的重要性

（一）修改是增强论文理论性的必要环节

毕业论文作为学术论文的一种，具有很强的理论性。论文的理论色彩在于它不是现象的简单罗列，不是一般原理的阐释，也不是实践经验的介绍，而是一种高度的概括和升华。事实往往在论文中被浓缩、抽象，或凝聚成数据或衍变成各种表格与图式，感性的东西深化为理性的东西，客观存在加入了思维的序列，从而上升到一定的高度。而人们对事物的思维认识总是经过从感性认识到知性分析，再到理性把握这样 3 个阶段，每一个思维环节都会影响到最后的研究结果。所以，在文章初稿完成后，要根据人的思维可逆性和可重复性的特点，检查每一个思维环节：感性认识是否强烈，知性的分析是否全面深刻，理性认识是否把握了事物的本质。认真修改毕业论文也是严谨的科学态度和治学态度的体现。

（二）修改是保证论文质量的重要环节

论文的修改中要审查论文的主题与论文的结构是否具有逻辑的一致性。例如，有一篇论文题目是《鸡白痢的诊治研究进展》，而文章的主要内容是介绍国内外鸡白痢诊断相关研究的成果，没有写治疗的研究进展。这种命题与内容不一致的论文，就需要大刀阔斧地进行修改。

论文修改要检查文章中有无科学性错误，要仔细地检查论文的语言阐述是否符合科学原理。有的论文中出现这样的表述："猪的粪便中检查到少量猪蛔虫卵表明其体内有大量蛔虫寄生"等。推敲一下这样的表述，就会发现它不符合科学性。可把这句话改成"猪的粪便中检查到少量猪蛔虫卵提示其体内可能有少量蛔虫寄生"。

论文的文法、句法也可能出现这样或那样的错误。例如，有人在论文中把"研究水平"论大小，把"研究意义"论高低。实际上，正确的说法应该是"研究水平高"或"研究水平低"；而"研究的意义"只说有无，如"有重要的研究意义"或"没有研究意义"。一篇论文的表述只有通过不厌其烦、一丝不苟的修改，才能不断地提高其质量。

（三）修改是提高写作水平的重要途径

毕业论文的写作是一种写作水平的锻炼和综合能力提高的训练。要提高写作水平，不仅要多写，还要多改才行。文章经过多次修改，作者就知道了在某种情况下应该怎样写，不该怎样写，从而增强写作能力。对于科学论文，尤其是初学者，反复推敲、修改，不仅可以使认识不断深化，提高论文质量，同时还可以使作者的思想得到锻炼，自我评价能力得到培养，因此，初学者应该把修改看成是写作过程中一个不可或缺的环节。有不少大学生思维敏捷，写文章也比较快，但是由于不重视修改，推敲和琢磨得比较少，写出的毕业论文或其他文章往往会出现结构比较松散、格式不够规范、词句重复啰唆、错别字较多、标点用错等问题，因而写作水平并没得到提高。

二、毕业论文修改的内容

论文修改有广义和狭义两种理解。广义修改包括写作过程中每一个环节的修改；狭义的修改，则专指草稿完成之后的加工修改。不管是狭义的修改还是广义的修改，论文修改的内容和范围一般都包括修改主题、修改观点、修改材料、修改结构、修改语言等。

（一）修改主题

论文的修改，首先要对文章的主题、大小分标题、关键词、主要内容进行全面的审视。要推敲标题是否切合文章主题，关键词是否适当，大小分标题的层次和格式是否清楚；同一层次标题的表达是否一致；文章的标题、各个分标题是否构成一个结构严谨、逻辑性强的体系等。在进行全面审视与论题修改时，要仔细地审阅全文的结构，如果题不切意、题目过长、过于笼统，或者文章结构的逻辑体系有缺陷、大小分标题表述不当、文章结构杂乱、段落臃肿、上下文连接不和谐、开头和结尾不得当等，都要进行修改。

毕业论文的标题具有极其重要的作用，对题目的修改是一种根本性的修改。一般来说，专科生的毕业论文题目宜小不宜大、宜实不宜虚、宜窄不宜宽，所包括的范围应明确，文字应具有相当的概括力。论文的内容应当切合论文研究的课题，这是进行论文修改时要特别注意的问题。例如，有学生写了一篇题为《畜牧兽医未来发展之我见》的论文，题目很大，但内容却只写了某县养殖企业近10年的发展数量和规模，论文内容与论文主题并不相关。还有的论文虽然没有完全离题，但属于偏题；虽然有相关观点，但不准确。

（二）修改观点

写文章的主要目的是表达自己的思想，宣传自己的主张，如果自己的认识不深刻，甚至有错误，就不可能使别人得到教益。所以，修改论文要考虑论文的主题和观点是否正确，认识是否深刻，文章是否有新意。对于论文中出现的主观、片面、空泛的地方，要做强化、增补等改写，使偏颇的改中肯，片面的改全面，模糊的改鲜明，粗浅的改深刻，松散的改集中，有失分寸的改恰当，陈旧的改新颖，立意低的加以升华。观点的修改一般只能是微调，如果全部否定观点的话，文章就要重新撰写。

（三）修改材料

修改材料主要指对论文引用的材料增加、删减或调整。材料是文章中的"血肉"，它是证明观点的论据，是论点成立的依托。因而对选用材料的基本要求：一是必要，即选用说明观点的材料；二是真实，即所用的材料必须符合实际，准确可靠；三是合适，即材料引用要恰当。在修改论文时，要看引用的材料是否确凿有力；是否有出处；是否能相互配合说明论点；是否发挥了论证的力量；是否合乎逻辑；是否具有说服力。要把不足的材料补足；把空泛的、陈旧的、平淡的材料加以替换；把不实的材料和与主题无关的材料删除。修改材料一般分以下两步进行。

1. 查核校正

查核校正，即先不考虑观点、结构、语言，只查核材料本身是否真实、可信、准确，包括对初稿中的定义、论断、数据、典型材料、引文出处等进行核对，发现疑点和前后矛盾的地方，一定要搞清楚、弄明白。如果有文献的二次引用，在有条件的情况下，最好核对原文，把一切失误、失实和有出入的材料删除或改写准确，保证论文建立在坚实可靠的基础之上。

2. 对材料进行增、删、调

对于缺少材料或材料单薄不足以说明论点的，就要增补有代表性、有典型性的新材料，使论据更加充实，使论证变得更充分有力。对材料杂乱、重复，或材料与观点不一致的，则要删减，以突出观点。不能以材料多而取胜，应以适度为佳。对于陈旧、平淡、一般化的材料，则要进行调换，换上更合适的材料。

（四）修改结构

修改结构，应主要抓好以下 3 个方面。

1. 层次是否清楚

修改论文的结构，一般可以先从大小标题之间的关系来看文章的思路和层次。如果论文不设小标题，则必须从内容去判断。例如，文章在内容上是否符合提出问题、分析问题、解决问题的逻辑联系；全文的布局、层次和段落的安排是否有条理；层次的脉络是否分明、顺畅；各段的分论点是否明确、协调；对杂乱无章的阐述要疏理通顺，删去重复和矛盾的地方，补上缺少的部分，达到全文的连贯通畅。

2. 结构是否严密

结构是论文表现形式的重要因素，是论文内容的组织安排。结构的好坏，直接关系着论文内容的表达效果。结构的调整和校正，关系着全文的布局和安排。调整结构，要求理顺思想，检查论文中心是否突出，层次是否清楚，段落划分是否合适，开头、结尾、过渡照应如何，全文是否构成一个严密的整体。如果论文结构松散，要加以紧缩，删去多余的材料，删去添枝加叶、离题太远或无关紧要的句段。为使论文结构严谨、和谐，对全文各部分的过渡和照应、结构的衔接、语气的连贯等方面，也要认真地考虑和修改。

（五）修改语言

语言是表达思想的工具，要使论文写得准确、简洁、生动，就应在语言运用上反复推敲修改。生造词语、词类误用、词义混乱等用词不当、词不达意的错误，要及时改正；消灭错别字和不规范的简化字、自造词。结构残缺、结构混乱、搭配不当等不合语法的句子，要注意修改，使之合乎语言规范。还要注意句子之间的逻辑联系，力求上下贯通，语气一致，通顺流畅。

（六）修改标点

标点符号是文章的构成要素之一，是文章的有机组成部分，用得恰当，能够准确地表达内容；反之，就会影响内容的表达，甚至产生歧义。所以修改论文应检查标点、规范书写。

主要看标点符号的用法是否正确，以及调整点错位置的标点符号。修改时，要按约定俗成的用法，严格按规定的格式进行书写。在修改中，对论文中的图表、符号、公式要检查，要合乎规范，对比较复杂且容易出错的，更应仔细校正。

三、毕业论文修改的方法

（一）同行指导法

一个人写论文，难免有考虑不周之处。论文写完后请同学或老师看看，听听他们的点评，或请他人帮助修改是一种较好的方法。但是，作者也应注意通盘考虑、取长补短、摒弃自己的成见，吸收他人的真知灼见，使论文修改得更好。

（二）热改法

热改法即"趁热"式修改法，是指初稿完成后，趁头脑中对论文的思路记忆清晰，立即进行修改。因为在起草和撰写的过程中，往往能感觉到或发现需要修改的地方，但在行文时怕打断思路或其他原因没有进行修改。在这种情况下，"趁热"修改效果就比较好。"趁热"式修改并不是一次完成的，往往需要反复推敲，不断修改。任何论文，哪怕已经过修改，只要再仔细审阅，还会发现或大或小的问题。这种方法的优点是记忆清晰、印象鲜明、改动及时、避免遗忘。但也有缺点，即作者修改的思路较难跳出原来框架。

（三）冷改法

冷改法即"搁置"式修改法，就是初稿完成后，放上一段时间再修改的方法。人脑的思维具有滞后性，初稿一写成，作者的思想和情绪还难以从论文中超脱出来，按原来固定思路难以发现初稿中的问题，也难以判断论文写作的得失、成败。把稿子搁置一段时间重读初稿，就容易摆脱原来固定思路的束缚。特别是作者经过阅读有关资料和思索有关问题，产生新的感受、新的认识，获得新的启发，再看初稿就容易发现不完善之处，通过删除多余、增补不足，使论文水平有新的提高。

（四）读改法

这要求作者一边朗读一边思考。语句方面的毛病往往不易看出，但是在朗读中字词遗漏、错别字、文句不通顺等一经朗读，便原形毕露，即可随手修改。

将撰写出的初稿，经过反复修改，使内容和形式达到完美统一，最后写出观点正确、逻辑严密、结构合理、语言流畅的符合格式的论文样式，毕业论文写作的基本工作才算完成。

第5章 毕业论文（设计）的技术规范

在完成了毕业论文（设计）的写作过程后，为了便于信息系统的收集、存储、处理、加工、检索、利用、交流、传播，毕业论文（设计）的文稿必须标准化和规范化，即毕业论文的文字、公式、图表、数字、计量单位等组成信息必须符合标准和规范。本章介绍了毕业论文（设计）所采用的技术规范，阐述了毕业论文（设计）各组成部分（关键词、摘要、前言、目录、正文与参考文献）的格式要求。

第1节 毕业论文相关的国家标准

标准是技术标准的简称，是规范性文件之一，是为了在一定的范围内获得最佳秩序，经协商一致制定并由公认机构批准，共同使用的和重复使用的一种规范性文件，是人们进行经济和科学技术活动共同遵守的技术依据。在我国，现行的标准分为国家标准、行业标准、地方标准和企业标准四级。撰写毕业论文时最常用的相关国家标准有《中华人民共和国国家标准科学技术报告、学位论文和学术论文的编写格式》（GB 7713—1987）、《文后参考文献著录规则》（GB/T 7714—2005）、《确立术语的一般原则与方法》（GB 10112—1988）、《文献叙词标引规则》（GB/T 3860—1995）、《量和单位》（GB 3100～3102—1993）、《文摘编写规则》（GB 6447—1986）、《校对符号及其用法》（GB/T 14706—1993）、《标点符号用法》（GB/T 15834—2011）、《出版物上数字用法》（GB/T 15835—2011）等。

第2节 毕业论文的组成和格式要求

毕业论文的规范是指按一定的规格、格式来安排它的各组成部分，并形成一个有别于一般文章和作品的完整系统。各个高等院校根据国家标准，制定的毕业论文格式要求虽不完全一致，但有基本约定俗成的规范。

毕业论文的基本结构包括以下几个部分。①前置部分：包括封面、封二（诚信承诺书）、中英文摘要、关键词、目次页及插图和附表清单等。②主体部分：引言、正文、结论、致谢、注释、参考文献等。③附录部分：包括某些重要的原始数据、图纸、英文文献原始稿及翻译稿。④附件部分：任务书、开题报告、答辩记录表、评语评分表。

一、封面

（一）封面内容

学位论文的封面一般包括以下内容：学校名称、论文题目、学院（系）名称、专业名称、作者姓名、指导教师姓名、论文完成时间等。

（二）封面格式

封面格式包括以下几方面的要求（图5-1）：①封面和论文用纸由学校统一规定，统一格式，论文一般为A4型纸张，采取纵向打印。②封面字体。"××××职业学院"采用小三号黑体字，"毕业论文（设计）"采用小一号黑体字。题目、姓名、学号、指导教师等均采用小三号黑体字。③封面和封底不编入页码。④不同学校对封面的内容、要求略有不同，学生应遵循本校的要求打印封面。

××××职业学院

毕业论文（设计）

题目：_____

姓名：_____

学号：_____

二级院系部：_____

班级：_____

专业：_____

指导教师：_____职称：_____

年　　月

图5-1　毕业论文封一样页

（三）封二（诚信承诺书页）

某些高校在论文的前置部分，单独设页（封二）加入诚信承诺书等统一格式的文件（表5-1）。这些文件均为学校统一格式，学生只需按照学校的要求，添加专门页到指定的位置即可。

表 5-1　江苏农牧科技职业学院学生毕业论文（设计）诚信承诺书

论文题目			
学生姓名		学号	
所属专业		班级	
指导教师姓名		职称	

学生承诺

　　我承诺在毕业设计（论文）活动中，遵守学校有关规定，恪守学术规范，本人毕业设计（论文）内容除特别注明和引用外，均为本人观点，不存在剽窃、抄袭他人学术成果，伪造、篡改实验数据的情况，如果有违规行为，我愿意承担一切责任，接受学校的处理。

学生（签名）：

年　　月　　日

指导教师承诺

　　我承诺在毕业设计（论文）活动中，遵守学校有关规定，恪守学术规范，经过本人核查，该生毕业设计（论文）内容除特别注明和引用外，均为本人观点，不存在剽窃、抄袭他人学术成果，伪造、篡改实验数据的现象。

指导教师（签名）：

年　　月　　日

二、摘要与关键词

（一）中文摘要、关键词

　　摘要是对毕业论文的内容不加注释和评论的简短陈述。摘要的作用是使读者不必阅读论文全文即能获得论文的必要信息。摘要应说明本论文的研究目的和重要性、研究方法、研究的主要内容、获得的基本结论或研究成果，要突出本论文的创造性成果和新见解，语言力求精练、准确。

　　摘要书写要合乎逻辑关系，结构严谨、表达准确、语义确切，一般不再分段落，不用图表、符号和专用术语，中文摘要一般为 200~300 字。摘要供二次文摘或二次文献采用。

　　关键词是从论文中选用以表示全文主要内容信息的单词或术语，一篇论文可选取 3~8 个词作为关键词；多个关键词之间应用分号"；"分隔，最后一个关键词后不标注符号。中文关键词应尽可能用《汉语主题词表》等词表列示的规范词，以便检索。关键词在论文摘要的末尾另起一行。

（二）英文摘要、关键词

论文第三项为英文摘要，另页排在"中文摘要与关键词"之后，应语句通顺，语法正确，能概括文章内容。英文摘要末尾另起一行，注明与中文对应的英文关键词，英文关键词之间用分号分隔。

毕业论文中英文摘要与关键词如图 5-2 所示。

【摘 要】(小四，黑体，中间空两格)
摘要内容为 100~200 字，字号为楷体小四。
【关键词】(小四，黑体)
关键词是反映文章最主要内容的名词性术语，为 3~5 个，字号为楷体小四。

   Title(字体为 Times new roman，四号，加粗，第 1 个字母大写)
本部分与中文关键词之间空一行。

Abstract(字体为 Times new roman，四号，加粗，第 1 个字母大写)
内容直接根据中文摘要翻译。字体为 Times new roman，10 号。

Key words(字体为 Times new roman，四号，加粗，第 1 个字母大写

图 5-2　毕业论文中英文摘要与关键词

三、目录

目次页既是论文的提纲，也是读者阅读论文的指南。目次页由毕业论文各部分内容顺序号、名称和页码组成，包括前言、论文正文、参考文献、附录、致谢等内容，不包括封面，另页排在"摘要"之后。目录应该用"……"连接名称与页码数。通常毕业论文（设计）目录按三级标题编写。

四、前言、正文

（一）版面要求

（1）页眉。页眉文字是"××××学校（院）毕业论文"，字体是中文小五号宋体，英文 Times New Roman；页眉边距 1.5 cm。

（2）页脚。页脚内容是页码，字体是中文小五号宋体，英文 Times New Roman；页脚边距 2.0 cm。

（3）页边距。左、右边距 2.54 cm，上、下边距 3.17 cm，装订线 0.5 cm，纸型 A4。

（4）编码。摘要、目录页等前置部分用罗马字符（如Ⅰ、Ⅱ、Ⅲ……）单独编排页码。从引言或绪论开始，用阿拉伯数字连续编页。页码必须标注在每页的相同位置以便于识别。有些学校要求双面打印论文，则正文首页和翻开后的每一右页都应该是奇数页码。

（二）正文的格式

前言（引言）是全篇论文的开场白（这部分可以单列，也可以列为论文第一章），是论文评阅人、答辩委员和读者了解论文研究背景和概况的主要篇章。主要是阐述论文中所要研

究的问题及与其有关的背景或对一些事项的说明。前言标题使用四号黑体字，前言正文使用宋体小四号字。

在正文的主体中，作者应对课题的内容和成果作详细的表述、深入的分析和周密的论证。正文一般由标题、文字叙述、图、表格和公式 5 个部分构成。

正文主体中的章、节、小标题的标号与目录的层级顺序必须相同。

在理工农医类毕业论文（设计）中，一级标题（章标题）居中，章序号与章名之间空 1 字格，如 "1□×××"；二级标题（节标题）顶格书写，节序号与节名之间空 1 字格，如 "1.1□×××"；三级标题顶格书写，节序号与节名之间空 1 字格，如 "1.1.1□×××"；四级标题前空两个字格书写，序号与标题名之间不空格，如 "□□（1）×××"。

（三）正文中图的格式

图是形象表达数据、科研成果和科学思想的一种方式。图能直观地表示出各种事物、因素之间的关系，科学研究的结果及事物发展的变化与趋势，起到文字难以起到的作用。图的种类很多，如条形图、线形图、流程图、示意图等。图具有自明性特征，因此内容不能与文字表达重复。图中的术语、符号、单位等应与文字表述所使用的一致。

正文中图题（题名或加图号）置于图下。必要时，应将图上的符号、标记、代码及实验条件等用最简练的文字横排于图题下方，作为图例说明。题名、图号和图例说明均用宋体五号字。格式为：图 ＊（章）.＊（节）.＊（序号）。曲线图的纵横坐标必须标注量、标准规定符号、单位。此三者只在不必要标明（如无量纲等）的情况下方可省略。坐标上标注的量的符号和缩略词必须与正文一致。

（四）正文中表的格式

表是以行和列组合的形式来表达数据和统计结果的一种方式。表的种类也很多，如示意表、统计表、说明表等。表中的参数应标明量和单位的符号。表格应精心设计，结构简洁，尽可能采用三线表，必要时可加添辅助线。

正文中表头（题名或加表号）置于表上。必要时应将表中的符号、标记、代码及需要说明事项用最简练的文字横排于表题下，作为表注，也可以附注于表下。题名、表号和表注均用宋体五号字。

表内同一栏的数字必须上下对齐。表内不宜用"同上""同左"和类似词，一律填入具体数字或文字。表内"空白"代表没有测量或无此项，"—"或"…"代表未发现，"0"代表实测结果为零。如数据已绘成曲线图，可不再列表。论文中的表一律用阿拉伯数字分章、节依序编码。其标注形式应便于互相区别，格式为：表 ＊.＊.＊。

（五）正文中公式的格式

正文中的公式、算式或方程式等需另行居中横排，只能在"＋""－""×""÷""＜""＞"处转行。上下式尽可能在等号"＝"处对齐。论文中的公式、算式等一律用阿拉伯数字依序编码。其格式为：（＊.＊.＊）。

（六）数字的使用

数字使用应执行《出版物上数字用法》（GB/T 15835—2011），凡公历世纪、年代、年、月、日、时刻和各种记数与计量（含小数、分数、百分比等）均采用阿拉伯数字。年份不能简写，星期几一律用汉字。

此外，多位的阿拉伯数字不能移行。5 位以上数字尾数零较多时，可以"万""亿"作单位。邻近两个数字并列连用所表示的概数，以数字作为词素构成定型的词、词组、惯用语、缩略语，应使用汉字数字，如"五六吨""十六七岁""一方面""第三世界""十月革命""二战""原因有二""'十三五'规划"等。

（七）计量单位

计量单位的使用应严格执行《量和单位》（GB 3100～3102—1993）的规定，一律采用中华人民共和国法定计量单位。长度以米（m）、公里（km）等为单位，面积以平方米（m²）、平方公里（km²）、公顷（hm²）等为单位，重量以克（g）、千克（kg）、吨（t）等为单位，体积以立方米（m³）等为单位，温度以摄氏度（℃）等为单位。有关计量单位如需用市制表示（如尺、丈、亩、斤等），应在其后加圆括号注明换算后的法定计量单位。在同一篇论文或同一个表格中使用的计量单位应保持一致。

（八）其他

论文中使用的符号和缩略词应遵照国家标准的有关规定。如无标准可循，可采纳学科或本专业的权威性机构或学术团体所公布的规定；也可以采用全国自然科学名词审定委员会编印的各学科词汇的用词。如不得不引用某些不是公知公用的且又不易为同行读者所理解的，或系作者自定的符号、记号、缩略词、首字母等时，均应在第一次出现时加以说明，给以明确的定义。

五、引用、注释和参考文献

（一）引用

毕业论文正文中常常引用他人著作或论文中的观点、材料、方法作为自己论述的根据。引用是借鉴前人研究成果的一种方法。引用必须符合论文论证的需要。为证明论点服务，作者应该深刻理解文献资料的原文原意，准确运用引文资料，不能断章取义。正文中的引用可以分为直接引用与间接引用两种。

1. 直接引用

直接引用也称原文引用，即照录原文，无任意删减或增添另外的内容。引文前后加引号，夹插在作者论述的文字中。直接引用主要是为了充实文章的内容，用具有权威性的思想来代替自己所要表达的思想。直接引用的形式有以下两种。①行中引。行中引又有两种具体的引法：一是引文部分在行文中本身可以构成完整意思的，要在引文后的引号内点上原文的语意终止符号；二是引文本身不能构成行文中完整的意思，须与自己的阐述结合在一起，才可详细表达意思的，则引文时只加引号，无论引文末句的标点是什么，引号内都不要添加标点，要在引号之外点上行文所需的标点。②提行引。这种引用的方式是把引文自成段落，用不同的字体或每行左右均缩进两格的形式排列。引文前后不必加引号，其目的是突出和强调。使用提行引的时候要注意语言的连贯性及必要的解释和说明。

直接引用必须用引号或者单分段的方式把他人的观点、作品与自己的观点、文章区分开来；通过夹注、脚注或尾注说明引用范围内的信息来源，包括作者姓名、著作或者文章的书名或标题、出版单位、出版年月和页码；引用量应保持在合理限度。大段罗列而没有自己论述和观点的表达是目前常见的恶劣学风，应当避免。

2. 间接引用

间接引用也称原意引用，即不完全引用原作中的原文，而是论文作者用自己的语言将原作的原意概述出来。这种引文方法适用于原作篇幅较长，要引的意思较分散、较复杂的情况。

间接引用是作者以自己的表达阐述他人的观点、意见和理论，它也是一种创造性活动（只把别人的句子改动一两个单词、变动句子的结构次序而让原文的词汇原封不动，或者只选择一些同义词去替代原文的词汇，用这些办法重组别人的成果，这是剽窃，而不是间接引用），间接引用虽然不加引号，但注明出处的要求与直接引用相同。

引用注明出处，既是表明对他人劳动成果的尊重和自己论证的根据，又便于为读者继续研究提供查阅文献的方便。因此，参考文献和注释在引用中是必须与必要的。

3. 引文格式

引文格式一般有以下几种。

（1）基本方法举例。

示例："这就是有人所说的'短期行为'（李四，1989，第 34 页）……"。

（2）不需注作者，也不需注页码。

示例："…这一点张三（1990）已经有所论证。"

（3）作者引用自己的文章，也需注明人名。

示例："笔者曾对此做过说明（王五，1987）。"

（4）正文中若直接出现作者姓名和文章标题，可只注出版年份及必要的页码。

示例 1："这就是李四在《论供给》（1988）一文中所论述的。"

示例 2："张三在《论需求》一文中指出：'需求是经常变化的'（1990，第 57 页）。"

（5）同时引用多篇文章时可在一个括号中一起注明，不同作者的文章用分号分开。

示例："不少人都曾指出（张三，1987；李四，1990）……"。

（6）同时引用一位作者的多篇文章时，可在一个括号内注明。

示例："王五曾多次指出这一点（1987，1988a，1988b，1990）。"

译文与外文文献引用方法如下。

（1）引用中译本文献，文中仅注明：作者的中译名；中译本的出版年份；必要的页码。

示例："这就是人们所说的'过剩'（约翰，1990，第 4 页）。"

（2）引用外文原文文献，在文中直接注原文人名，不必翻译（人名一般只注姓）。

示例："这就是有人分析过的'短缺'（David，1985，第 55 页）。"

（3）既有中文文献，又有外文文献，分别注中文与外文。

示例："不少人就此作过论述（张三，1988；John，1989）。"

（二）注释

注释是对引文中出现的词语、内容或出处的说明和解释。注释在形式上主要有 4 种：一是夹注，即在引文中，一边引用一边标注，在行文中（加圆括号）；二是脚注，即在本页页下作注；三是章节注，注在一节或是一章之后；四是尾注，即在全文末尾附上注释，做尾注时，要把全文的引文从头到尾统一编排顺序。在使用注释时要注意的是，在一篇文章中，只能采用一种注释方法。

注释标注格式一般有以下几种。

（1）著作类：作者．著作名［M］．出版社，出版年：起止页码．

示例：张敏强．教育测量学［M］．人民教育出版社，1998：77.

（2）期刊类：作者．题名［J］．期刊名，出版年（卷、期）：起止页码．

示例：叶澜．中国教育学发展世纪问题的审视［J］．新华文摘，2004（6）：76 – 77.

（3）报纸：作者．篇名［N］．报纸名称．出版年，月（日）：版次．

示例：仲伟志．2005 中国改革交锋录［N］．经济观察报，2005，10（3）：37.

（4）外文文献。引用专著（编著、译著）标注顺序：作者．书名［M］．出版地点：出版机构，出版年份：页码．

示例：Basar T. Dynamic noncooperative game theory［M］. New York：Academic Press，1982：123.

（5）电子文献或网络资源。对于非纸张型载体的电子文献或网络资源，需要注明文献出处或电子文献的可获得的详细地址。

主要责任者．题名：其他题名信息［文献类型/文献载体标识］．出版地，出版年：引文页码（更新或修改日期）［引用日期］．获取和访问路径．数字对象唯一标识符．

示例：法悟．十一五规划"建议"透出十一大亮点［EB/OL］.［2005 – 10 – 17］. http：//www. china. com. cn/chinese/zhuanti/review/1000682. htm.

注：同一著作、期刊、文章有多个作者的，作者之间使用"，"分隔。

（三）参考文献

1. 参考文献著录原则

参考文献是"为撰写或编辑论文和著作而引用的有关文献信息资源"。它是毕业论文不可缺少的一个组成部分。参考文献是对前人成果继承的一个反映，尊重他人的著作权的标志，是真实地反映毕业论文中某些论点、数据、资料来源的依据，是向读者准确地提供检索信息资源的线索，也是鉴定和确认毕业论文研究成果的重要依据。

（1）参考文献以公开发表或审核过的文献为主。参考文献一般为公开发表具有自主版权的文献，以便读者查考和尊重版权。但在特殊情况下也可引用未正式出版的会议论文、咨询报告、学位论文等。保密文件、内部消息及不能公开的资料，均不可著录。

（2）不可以引而不用或用而不引。著录的参考文献必须是作者阅读过的，且对自己研究的观点、材料、论据、统计数据等有启发和帮助的文献，不能伪引（引而不用）。凡直接引用别人的观点、论据、成果等必须在文中标注，并在参考文献中注明出处、页码，不能用而不引。

（3）参考文献有多个版本时，应注意引用恰当的版本文献。论著有多个版本时，引用修订本、最新本、最初本或是某个版本，应根据引用的情况而定。

（4）对公共领域的知识，一般众所周知的引语、观点、事实、常识、公论等，一般不需要注明出处，如"真金不怕火炼""学而时习之，不亦乐乎"等，都不需要标注。

2. 参考文献在正文中的标注方法

国际上流行好几种参考文献著录方法，而我国参考文献著录标准《信息与文献　参考文献著录规则》（GB/T 7714—2005）规定采用"顺序编码制""著者－出版年制"两种。顺序编码制为我国书刊所普遍采用，毕业论文一般采用顺序编码制，在此作重点介绍。著者－出版年制在后面作简述。

（1）顺序编码制。顺序编码制是"按正文中引用的文献出现的先后顺序连续编码，并将序号置于方括号中"，序号采用阿拉伯数字。

示例：引用单篇文献。

益生菌可通过多种途径抑制肠道病原菌[21]，其中乳酸菌能够产生大量乳酸和短链脂肪酸等[22]，降低pH，维护肠道健康，本研究结果显示，断奶仔猪日粮中添加植物乳杆菌制剂可显著增加结肠中乳酸的含量以及盲肠和结肠中丁酸的含量。

…………

同一处引用多篇文献时，只需将各篇文献的序号在方括号内全部列出，各序号间用"，"间隔。如遇连续序号，可标注起讫序号。

示例：引用多篇文献。

王永娟等[7,2]提出……

……目前国内外关于 DON 单一毒素污染对蛋鸡毒性作用的研究报道非常少，只有 Lee 等[12,13]研究指出给蛋鸡饲喂黄曲霉毒素 B1 和 DON 混合污染日粮，使蛋鸡产蛋性能、蛋重和蛋壳质量降低，导致肝脏和肾脏肿大。

多次引用同一著者的同一文献时，在正文中标注首次引用的文献序号，并在序号的"[　]"外著录引文页码。

示例：多次引用同一著者的同一文献。

主编靠编辑思想指挥全局已是编辑界的共识[1]，然而对编辑思想至今没有一个明确的界定，故不妨提出一个构架参与讨论。由于"思想"的内涵是"客观存在反映在人的意识中经过思维活动而产生的结果"[2]1194，所以"编辑思想"，的内涵就是编辑实践反映在编辑工作者的意识中，"经过思维活动而产生的结果"。《中国青年》杂志创办人追求的高格调——理性的成熟与热点的凝聚[3]，表明其读者群的文化的品位的高层次"方针"指"引导事业前进的方向和目标[2]354……"

（2）著者－出版年制。正文引用的文献采用著者－出版年制时，各篇文献的标注内容由著者姓氏与出版年构成，并置于"（　　）"内。倘若只标注著者姓氏无法识别该人名时，可标注著者姓名，例如，中国人、朝鲜人、日本人用汉字书写的姓名。集体著者著述的文献可标注机关团体名称。倘若正文中已提及著者姓名，则在其后的"（　　）"内只需著录出版年。

示例：引用单篇文献。

The notion of an invisible college has been explored in science（Crane 1972）. Its absence among historians was noted by Stieg（1981）…

参考文献：

CRANE D. 1972. Invisible college［M］. Chicago：Univ. of Chicago Press.

STIEG M F. 1981. The information needs of historians［J］. College and research libraries，42

（6）：549 – 560.

3. 文后参考文献著录格式

文后参考文献的编排格式是按参考文献在正文中出现的先后次序排列于文后，以"参考文献"作为标志，参考文献序号左顶格，并用数字加方括号表示，如［1］、［2］……与正文中批示序号相一致。

参考文献编排格式如下。

参考文献：

［1］Maruyama N, Fukuda T, Saka S, et al. Molecular and struatural analysis of electrophoretic variants of soybean seed storage proteins［J］. Phytochemistry, 2003, 64（3）：701 – 708.

［2］崔洪斌. 大豆生物活性物质的开发与应用［M］.北京：中国轻工业出版社，2003：241 – 264.

［3］Zuo W Y, Zou S X, Chen W H. Separation of growth-stimulating peptides for Bifidobacterium from soybean conglycinin［J］. World Journal of Gastromterology, 2005, 11（37）：5801 – 5806.

［4］杨小军，左伟勇，陈伟华，等. 灌喂大豆蛋白胃蛋白酶酶解物对大鼠免疫功能的影响［J］.畜牧兽医学报，2005，36（4）：348 – 351.

［5］左伟勇，陈伟华，邹思湘. 伴大豆球蛋白胃蛋白酶水解肽对小鼠免疫功能及肠道内环境的影响［J］.南京农业大学学报，2005，28（3）：71 – 74.

依据 GB/T 7714—2005，参考文献可分为专著、专著中的析出文献、连续出版物、连续出版物中的析出文献、专利文献、电子资源 6 类。其著录格式分别如下所示。

（1）专著。专著是指以单行本形式或多卷册形式，在限定的期限内出版的非连续性出版物。它包括以各种载体形式出版的普通图书、古籍、学位论文、技术报告、会议文集、汇编、多卷书、丛书等。

著录格式：主要责任者. 题名：其他题名信息［文献类型标识/文献载体标识］.其他责任者. 版本项. 出版地：出版者，出版年：引文页码［引用日期］.获取和访问路径. 数字对象唯一标识符.

示例1：昂温 G，昂温 P S. 外国出版史［M］.陈生铮，译. 北京：中国书籍出版社，1988.

示例2：刘国钧，陈绍业，王凤翥. 图书馆目录［M］.北京：高等教育出版社，1957. 15 – 18.

（2）专著中的析出文献。析出文献是指从整本文献中析出的具有独立篇名的文献。专著中的析出文献的著录是指将文献中的一部分被引用的有价值的材料独立出来，单独作为一个著录单位所进行的著录。其著录结果是析出的书目记录。

著录格式：析出文献主要责任者. 析出文献题名［文献类型标识/文献载体标识］.析出文献其他责任者//专著主要责任者. 专著题名：其他题名信息. 版本项. 出版地：出版者，出版年：析出文献的页码［引用日期］.获取和访问路径. 数字对象唯一标识符.

示例：程根伟.1998 年长江洪水的成因与减灾对策［M］//许厚泽，赵其国. 长江流域洪涝灾害与科技对策. 北京：科学出版社，1999：32 – 36.

（3）连续出版物。连续出版物是一种载有卷期号或年月顺序号、计划无限期地连续出版发行的出版物，包括以各种载体形式出版的期刊、报纸等。

著录格式：主要责任者. 题名：其他题名信息［文献类型标识/文献载体标识］.年，卷（期）- 年，卷（期）. 出版地：出版者，出版年［引用日期］.获取和访问路径. 数字对象唯一标识符.

示例：中国图书馆学会. 图书馆学通讯［J］. 1957（1）- 1990（4）. 北京：北京图书馆，1957 - 1990.

（4）连续出版物中的析出文献。连续出版物中的析出文献指从连续出版物中析出的有独立著者、独立篇名的文献。

著录格式：析出文献主要责任者. 析出文献题名［文献类型标识/文献载体标识］. 连续出版物题名：其他题名信息，年，卷（期）：页码［引用日期］. 获取和访问路径. 数字对象唯一标识符.

示例 1：李思明，周定刚. 维生素 D_3 对丝毛乌骨鸡组织中 β - 防御素基因的表达调控［J］. 动物营养学报，2009，21（4）：573 - 579.

示例 2：Wehkamp J，Harder J，Wehkamp K，et a1. NF-kappa B and AP-1-mediated induction of human beta defensin-2 in intestinal epithelial cells by Escherichia coli Nissle 1917：a novel efect of a probiotic bacterium［J］. Infect Immun，2004，72（10）：5750 - 5758.

示例 3：潘涛. 商务印书馆悄然推出科普巨著［N/OL］. 中华读书报，1997 - 09 - 17（9）［2006 - 01 - 27］. http：//162. 105. 138. 196：8008/jbxt/gns-homepage. htm.

（5）专利文献。专利文献是包含已经申请或被确认发现、发明、实用新型和工业品外观设计的研究、设计、开发和试验成果的有关资料，以及保护发明人、专利所有人及工业品外观设计和实用新型注册证书持有人权利的有关资料的已出版或未出版的文件（或其摘要）的总称，包括专利说明书、专利公报、专利分类表、分类表索引及专利申请至结案过程中包括的一切文件和资料。专利文献的主体是专利说明书。

著录格式：专利申请者或所有者. 专利题名：专利国别，专利号［文献类型标识/文献载体标识］. 公告日期或公开日期［引用日期］. 获取和访问路径. 数字对象唯一标识符.

示例：姜锡洲. 一种温热外敷药制备方案：中国，88105607. 3［P］. 1989 - 07 - 26.

（6）电子资源。电子资源是以数字方式将图、文、声、像等信息存储在磁、光、电介质上，通过计算机、网络或相关设备记录有知识内容或艺术内容的文献信息资源，包括电子书刊、数据库、电子公告等。

根据 GB/T 7714—2005 的规定，整部电子图书视作专著，析出电子图书视作专著中的析出文献，电子期刊和电子报纸等连续出版物视作连续出版物，电子期刊和电子报纸的析出文献视作连续出版物中的析出文献，电子专利视作专利文献进行不同方式的著录。除此以外的电子资源，如电子公告、动态信息、联机数据库、联机馆藏目录，按照电子文献规则处理。

著录格式：主要责任者. 题名：其他题名信息［文献类型标识/文献载体标识］. 出版地：出版者，出版年：引文页码（更新或修改日期）［引用日期］. 获取和访问路径. 数字对象唯一标识符.

示例：PACS-L：the Public-access Computer Systems Forum［EB/OL］. Houston，Tex：University Of Houston Libraries，1989［1995 - 05 - 17］. http：//info. 1ib. uh. edu/ pacsl. html.

电子文献既要著录文献类型，也要著录文献载体类型标识。

文献类型标识如下。

（1）一般文献类型标识。为了使文献著录标准化，便于读者辨别文献和计算机存储与检索，GB 3469—1983《文献类型与文献载体代码》将参考文献划分为 10 种类型，并用 10 个字母分别标识：M—专著；C—论文集；N—报纸文章；J—期刊文章；D—学位论文；R—研究报告；S—技术标准；P—专利；A—专著、论文集中析出文献；L 其他未说明的文献，如参考工具、检索工具、会议论文、档案等。

（2）电子文献标识。用双字母标识：DB—数据库；CP—计算机程序；EB—电子公告。

（3）电子文献载体标识。电子文献在参考文献标识中应同时标明其载体类型，并采用双字母作为标识：MT—磁带；CD—光盘；DK—磁盘；OL—联机网络。

采用下列格式表示包括了文献载体类型的参考文献类型标识：DB/OL—联机网上数据库；DB/MT—磁带数据库；M/CD—光盘图书；CP/DK—磁盘软件；J/OL—网上期刊；EB/OL—网上电子广告。

在著录项目中更新或修改日期与引用日期。更新或修改日期通常是著录责任者上载网络资源的更新日期或修改的日期，引用日期则是读者下载网络资源的日期。无论是更新或修改日期还是引用日期都应按"YYYY – MM – DD"形式著录。

参考文献著录从表面看起来是技术问题，其实是写作态度问题。毕业论文写作是严肃的科研训练，学生只有从思想上提高认识，踏踏实实，勤勤恳恳，不走捷径，不找窍门，才能使参考文献著录准确、规范，才能体现毕业论文的真正价值。

六、致谢

论文的某一部分可能同其他人有合作关系，或者论文在导师的指导下完成，或者在研究工作或论文中的某一方面得到了特别的帮助，或者论文在撰写、引用文献图片资料方面及调查、实验过程中得到过一些导师、专家、同学、合作者或单位的帮助，这些在论文结束的时候都应该致以谢词。谢词应简短、诚挚，有感而发，感谢的对象只能是对本篇论文有实质性帮助的人。致谢的篇幅一般不超过一个页码。

七、论文的附录

对于一些不宜放入正文中，但对毕业论文（设计）有参考价值的内容，或以便他人阅读方便的工具性资料，如调查问卷、原始数据、数学推导、计算程序、框图、结构图、注释、统计表、计算机打印输出件等，可编入附录中。

附录用大写正体英文字母 A、B、C……编序号，如附录 A、附录 B。附录文字用宋体，小四号字；英文用小四号、Times New Roman。

附录与正文连续编页码，每一附录均另页起。附录中的图、表、公式、参考文献等，一律用阿拉伯数字编码，在数码前冠以附录序码，如图 A1、表 B2、式（B3）、文献［A5］等。

八、附件资料

附件部分包括任务书、开题报告、验收登记表、评语表、答辩记录表等。

　　附件资料表格格式由学校统一规定，对填写内容的字体和字号不作统一要求，以美观、协调为原则，在一般情况下以与论文正文一致为好。

九、毕业论文（设计）的装帧

　　毕业论文（设计）文本虽不是正式出版的著作，但作为学生在校期间的重要学习成果，有必要讲究其装帧。

　　统一标准装订顺序：毕业论文封面、诚信承诺书、材料目录、毕业论文全文、任务书、开题报告或实施方案、指导记录、中期检查记录表、指导教师意见表、评阅教师意见表、答辩记录、评语及成绩评定表。

第6章　毕业论文学术规范

毕业论文学术规范是指在毕业论文过程中，尊重知识产权与学术伦理，尊重过去与现在已有的学术成果，以引证、注释等形式实现科学继承与创新，在毕业论文写作中，应严格遵守学术规范，合理使用，严禁出现抄袭、剽窃现象，避免毕业论文中侵权行为的发生。

第1节　毕业论文的学术规范

毕业论文虽然是学生深入科学研究领域的初次训练，但也是建立在深入而系统的学术研究基础之上，主要包括道德规范与技术规范。必须严格遵守学术规范，学术规范是从事学术活动的行为规范，是学术共同体成员必须遵循的准则，是保证学术共同体科学、高效、公正运行的条件，它从学术活动中约定俗成地产生，成为相对独立的规范系统。就学术知识生产主体及其行为而言，规范源于学术的合作、竞争、组织和互动，它为这些相互关系提供框架，通过给个人施加约束来提高整个知识生产的效率和质量。学术规范化可保证知识分子知识生产活动的严肃性，提高学术共同体的社会公信力。

学术规范并非指某种行政化的操作，而是指学术共同体内部所构建的一种自觉地约束机制。学术规范要求学术研究人员普遍遵守、严格执行，更要依靠自律和自觉。学术共同体成员必须熟悉和掌握学术研究的行为准则即学术规范，并在实际行动中遵守这些规范。只有遵守学术规范，才能在学术共同体中得到认可，如果违反了学术规范，就要受到否定。

毕业论文道德规范是对思想修养与职业道德方面提出的要求，这是学术规范的核心部分，对于毕业论文而言，这应是学生独立思考、独立探讨的成果，在实践与研究中，应严肃认真，严谨细致，一丝不苟，不得虚报研究成果，反对投机取巧，粗制滥造，反对急功近利，不劳而获，在他人成果上轻易署名，毕业论文应客观、公正、准确，如实反映成果水平，坚持继承与创新原则，充分尊重他人研究成果，保护知识产权。

学术法律规范是指学术活动中必须遵循国家法律法规和有关技术标准与学术活动相关的行为准则，在民法准则、著作权法、专利法、保密法、统计法、出版管理条例等法律法规中都有体现，学生在毕业论文的写作过程中应严格遵守这些法律法规。

毕业论文的写作技术规范是指在以学术论文、著作为主要形式的学术写作过程中必须遵守的有关形式规格的要求，技术规范在本书第5章详述。

第2节　毕业论文（设计）中的学术失范

在进行毕业论文过程中，大多数学生能够恪守学术道德，在指导教师的指导下潜心致力于自己的研究方向，通过系统扎实的基础理论学习，结合丰富的文献资料和前沿问题找到新的视点，从而创作出优秀的学术论文。但是也有部分学生缺乏道德素养，以"功利主义、个人主义和实用主义"价值观来代替追求真理、奉献社会的学术价值观，急功近利，出现不忠实于学术规范的各种学术失范行为。

一、学术失范的形式

学术失范即学术主体在从事学术活动时违反科学共同体公认的科研行为准则的行为。学术失范的具体表现，如"抄袭、剽窃、侵吞他人学术成果；篡改他人学术成果；伪造或者篡改数据、文献、捏造事实；伪造注释；未参加创作，在他人学术成果上署名；未经他人许可，不当使用他人署名；其他学术不端行为"（教育部 2009 年 3 月发布的《关于严肃处理高等学校学术不端行为的通知》）。毕业论文中的学术失范发生于论文研究、写作和发表各阶段，其主要形式有以下几种。

（1）抄袭和剽窃。指未经著作权人授权，将他人的智力成果全部或部分据为己有的行为。毕业论文中有引用他人的文章而不注明的，有大段大段地直接据为己有的，甚至整篇论文只更改署名的。近年来，高校强化学术失范的检测和惩处，毕业论文中对他人论文进行原封不动的抄袭已经非常少，发现的抄袭、剽窃主要是通过对数篇文章的拼凑、改动来实施的。

（2）伪造和篡改实验数据。在实验数据、图表分析中，随意编造数据或有选择地采用数据证明自己的论点；不据原典，生拉硬扯，无中生有胡乱得出结论。

（3）他人操刀代笔或为他人操刀代笔。部分学生缺乏科学精神和钻研精神，没有持之以恒的毅力，受社会浮夸之风影响，急功近利，为了获得学位请"枪手"代劳，用金钱打造学业道路，此外，有少数学生因经济利益引诱为他人充当"枪手"撰写论文。

（4）不正当署名。毕业论文投稿与发表时署名混乱，其表现无非两种：他人搭学生研究成果的便车，或者学生搭名人名师的便车。学术成果的署名应实事求是，应对该项成果承担相应的学术责任、道义责任和法律责任。

（5）一稿多投和多发等现象。一稿多投和多发是指一篇论文向多个出版机构提交或出版。这一问题看似无所谓，事实上反映了学生及社会的盲目追求成果数量的心态，借以增加自己发表论文总数量，是典型的少劳多得，是严重违反学术道德的行为。

防范和避免毕业论文学术失范，学生应重点加强道德规范自我学习，构建学术活动中的诚信意识，加强学术自律；再者，学习和掌握相关法律法规和技术规范也是必不可少的环节，从法律层面和技术层面自觉避免、严格遵守。

二、学术失范的界定

毕业论文学术失范最核心的问题是抄袭和剽窃、伪造和篡改。

（一）抄袭和剽窃

1. 抄袭和剽窃的定义

我国相关法律法规明文规定禁止抄袭、剽窃，但对其具体含义没有明确解释对于抄袭和剽窃的概念，一般的理解是：以多多少少改变形式与内容的方法将他人作品全部或部分作为自己作品加以发表的行为。抄袭和剽窃的本质是相同的，都是非法地将他人的智力成果据为己有，用自己的名义发表别人的作品。

2. 抄袭和剽窃的形式

常见的抄袭和剽窃形式包括哪些呢？①最明显的就是直接照搬原文的语句、段落，甚至整篇文章；②将原文删节、顺序调整，重新组合成文；③将多篇文章组合成一篇；④仅对原文做叙述方式上的改变，仍然沿袭原文的写作思路、结构；⑤仿照一篇论文的写作方式，虽然改变了所要论述的对象，但仍使用原文的论证方法、图表等。

3. 剽窃的认定标准

（1）内容标准。即核心论点或重要论据皆与他人作品相同，或者即使核心论点、论据不同，但是论文的一、二级目录存在绝大部分的雷同（也就是结构雷同），不论涉嫌剽窃论文是否注明了引文出处，都应当认定侵权成立。

（2）形式标准或量的标准。只要文中有一定比例或具体字数的文字与被剽窃文相同，就认定剽窃成立。世界上大多数国家都遵循一个原则，即引用其他人作品的思想、观点、材料，一般不能超过30%，换句话说，作者创作的学术作品从字面来看，原创的部分必须在70%以上，引用的部分必须在30%以下，这几乎成为一种识别是否作品侵权的惯例。

4. 剽窃的检测手段

追求科研诚信、防治学术腐败，是一个世界范围的重要课题，而利用技术手段解决学术剽窃是重要举措。剽窃检测的技术判断主要是段落匹配或句子匹配甚至词语匹配，即以"文字比对"提供"文字复制比率"，目前国际上使用的学术不端检测系统约有10种，区别只是不同的检测系统的比对源不同。

以清华同方研发的学术不端检测系统（AMLC）为例。AMLC以中国知网（CNKI）的《中国学术文献网络出版总库》为全文比对数据库，采用CNKI自主研发的自适应多阶指纹（AMLFP）特征检测技术，对任意一篇需要检测的文献，系统首先对其进行分层处理，按照篇章、段落、句子等层级分别创建指纹，而比对资源库中的比对文献，也采取同样技术创建指纹索引。原则上，只要检测文献与比对文献存在一个相同的句子，就能被检测系统发现（图6-1）。

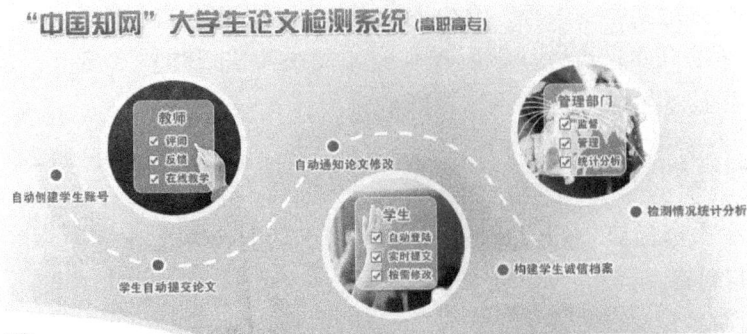

图 6-1

使用学生账号登录系统，首先需要选择自己所在的学校名称。点击学校输入框，在弹出的对话框中，选定学校。系统提供了两种方法：一是根据地区和省市名称选择自己的学校；二是直接输入学校名称进行检索并选择。学生在选择好学校的名称后，输入用户名、密码、选择身份（学生）、输入验证码，点击"登录"按钮登录系统（图 6-2）。

　　然后进入提交论文界面，如果学生账号没有上传过论文，进入系统后会进入到"提交新论文页面"。也可以点击"提交新论文"按钮进入该页面；系统会提示论文状态为"待提交"，并显示提交次数（图 6-3）。

图 6-2

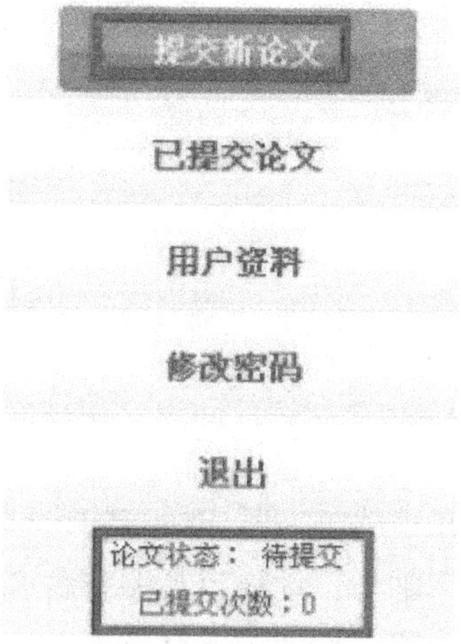

图 6-3

学生在已提交论文页面，可以查看到已经上传的论文的检测信息（图 6-4、图 6-5）。

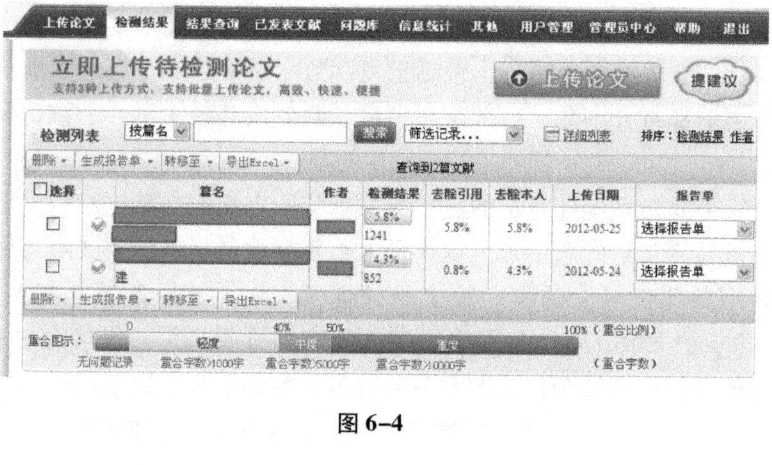

图 6-4

最终系统展示检测结果各项指标，包括文字复制比结果、指标结果、表格结果及提取到的脚注、尾注。文字复制比包括总文字复制比、去除引用文献复制比、去除本人已发表文献复制比和单篇最大文字复制比（附篇名），这几个复制比都用百分比形式展示。总文字复制比是指被检测论文总的重合字数在总的文献字数中所占的比例。通过该指标，可以直观了解

图 6-5

重合字数在该检测文献中所占的比例情况。去除引用文献复制比是指去除了作者在文中标明了引用的文献后，计算出来的重合文字在该检测文献中所占的比例。去除本人已发表文献复制比是指去除了作者本人已发表的文献之后，计算出来的重合字数在该检测文献中所占的比例。单篇最大文字复制比（含篇名）是指被检测文献与所有相似文献比对后，重合字数占该检测文献总字数的比例最大的那一篇文献的文字复制比。这一指标体现了检测文献与单独的文献的比对情况，可直观了解检测文献是否存在大篇幅地与某一篇文献重合的情况。在该指标之后，附上了对应的篇名，可点击查看具体出现单篇最大文字复制比的文献。此外，报告单还提供了与文字有关的各项指标，包括重复字数、总字数、单篇最大重复字数、总落段数、疑似段落数、前部重合字数、后部重合字数、疑似段落最大重合字数、疑似段落最小重合字数。

其中，重复字数是指系统计算出的被检测文献与所有相似文献比对后，出现重合的总字数。总字数是指被检测文献的总字数。单篇最大重复字数是指被检测文献与所有相似文献比对后，单篇重合字数比例最大的那一篇文献的重复字数。总段落数是指文献总的章节数（对于不按章节显示的文献，则按照固定长度进行切分段落，每一段落为一章节）。疑似段落数是指检测文献疑似存有抄袭行为的章节的数量。前部重合字数是指检测文献全文的整体前 20% 文字中的重合字数。后部重合字数是指检测文献全文去除前 20% 剩下的部分中重合的文字字数。疑似段落最大重合字数是指疑似存有抄袭行为的各章节中出现重合情况最多的那一段落的重合字数。疑似段落最小重合字数是指疑似存有抄袭行为的各章节中出现重合情况最少的那一段落的重合字数。

指标结果是系统根据《学术论文不端行为的界定标准》自动生成的，包括剽窃观点、自我剽窃、一稿多投、过度引用、整体剽窃、重复发表和剽窃文字表述。如果系统自己识别到检测文献中出现了某种指标，则其前部的标识显示为红色且该指标文字颜色变为绿色；否则为默认的灰黑色。

根据《学术论文不端行为的界定标准》，上述各项指标的含义和类型如下。

剽窃观点：

（1）直接使用他人已发表文献中的论点、观点、结论等，却不加引号和引注。

（2）不改变其本意地转述他人的论点、观点、结论等，却不加引注。

（3）对他人的论点、观点、结论等删减部分内容后使用，却不加引注。

（4）对他人的论点、观点、结论等拆分或重组后使用，却不加引注。

（5）对他人的论点、观点、结论等增加一些内容后使用，却不加引注。

自我剽窃：

（1）在论文中使用自己（或自己作为作者之一）已发表文献中的内容，却不加引注。

（2）合作作者在论文中使用自己（或其中一个作者）已发表文献中的内容，却不加引注。

（3）在论文中使用自己已经通过答辩的学位论文中的内容，却不加引注。

（4）论文的主要内容源于自己已经通过答辩的学位论文，却不加说明。

一稿多投：

（1）将同一篇论文同时投给多个期刊。

（2）在约定或法定回复期内，将论文再次投给其他期刊。

（3）在未接到期刊确认撤稿的正式通知前，将稿件投给其他期刊。

（4）将只有微小差别的多篇论文，同时投给多个期刊。

（5）在收到首次投稿期刊回复之前或在约定或法定期内，将论文作稍微修改后，投给其他期刊。

（6）在不做任何说明的情况下，将自己（或自己作为作者之一）已经发表论文，原封不动或做些微修改后，再次投稿。

过度引用：

所引用的部分构成了论文的主要或实质部分。

整体剽窃：

（1）直接使用他人已发表文献的全部或大部分内容。

（2）在他人已发表文献的基础上增加部分内容后使用，如补充一些数据，或者补充一些新的分析等。缩减他人已发表文献的全部或大部分内容后使用。

（3）替换他人已发表文献中的研究对象后使用。

（4）改变他人已发表文献的结构、段落顺序后使用。

（5）将多篇他人已发表文献拼接成一篇论文后发表。

（6）直接使用他人已发表文献的全部或大部分参考文献。

（7）对他人已发表文献中的参考文献进行一些增减后直接使用。

重复发表：

（1）在论文中使用自己（或自己作为作者之一）已发表文献中的内容，却不加以说明或引注，或者只将已发表文献笼统地列在文后参考文献中。

（2）在不做任何说明的情况下，摘取多篇自己（或自己作为作者之一）已发表文献中的部分内容，拼接成一篇新论文后再次发表。

（3）被允许的二次发表，不说明首次发表的出处。

（4）多次重复使用一次调查结果、一幅图像或一个实验结果，却不加说明。

（5）将实质上基于同一实验或研究的论文，每次补充少量实验数据或资料后，多次发表方法、结论雷同的论文。

（6）在合作研究中，合作者就同一调查、实验结果，发表方法、结论明显相似或雷同的论文。

剽窃文字表述：

（1）直接使用他人已发表文献中的文字表述，却不加引注。

（2）成段使用他人已发表文献中的文字表述，虽然进行了引注，但对所使用文字不加引号，或者不改变字体，或者不使用特定的排列方式显示。

（3）多处使用某一已发表文献中的文字表述，却只在其中一处或几处加以标注。

（4）连续使用来源于多个文献的文字表述，却只标注其中一个或几个文献出处。

（5）不改变其本意地转述他人已发表文献中的文字表述，包括概括、简化他人已发表文献中的文字，或者改变他人已发表文献中的文字表述的句式，或者用类似词语对他人已发表文献中的文字表述进行同义替换，却不加引注。

（6）对他人已发表文献中的文字表述增加一些词句后使用，却不加引注。

（7）对他人已发表文献中的文字表述删减一些词句后使用，却不加引注。

（8）直接套用他人已发表文献的论证结构，仅仅改变其中的方法、数据、结论等内容。

表格也是系统进行提取的，并对表格内的内容进行检测。脚注和尾注是符合特定格式的注释内容，单独提取并显示，这部分内容不计入检测的正文中。

检测系统对于遏制毕业论文（设计）中的各种学术失范具有一定的成效。但必须指出的是，以上几种检测只是形式上的检测，对软性抄袭还无能为力。所谓软性抄袭是指抄袭别人的观点和论证方式，但用自己的语言写出来，当成自己的创新。另外，国内外对系统的检测结果都只作为判断参考，不作为处理依据。对系统所得出的超过规定值的论文检测结果，一般地由相应学科专家组成的评议组进行人工鉴定，是否构成抄袭的结论由专家组给出最终鉴定。

5. 毕业论文剽窃承担的责任

剽窃一经确定，就可以认定构成了著作权侵权。剽窃承担的责任依据《著作权法》第46条的规定，剽窃者有"承担停止侵害、消除影响、赔礼道歉、赔偿损失等民事责任"，除了追究剽窃者的侵权赔偿责任，还应当对剽窃者因剽窃所得的不当得利进行纠正。毕业论文剽窃，如果剽窃者通过了论文答辩，就应当取消学生因剽窃论文所获得的资格或荣誉及其他的不当得利。

毕业论文（设计）肯定要以前人的研究作为基础，文献检索是撰写论文的必要前提，毕业论文（设计）中如何合理使用前人的成就，避免学术剽窃：①"在研究和写作过程中，可以通过认真做笔记，区别哪些是你自己的思想结果，哪些是你从他人那里搜集到的材料，尽量避免不经意的剽窃"。同时记录下引用文献的相关著录内容，为毕业论文中参考文献著录提供准备，以免后续著录工作时再次查找出处，浪费时间。②"引用别人的材料时，要掌握准确的方法，要掌握怎样的表述构成剽窃，怎样的表述涉嫌剽窃"。作为合理使用只有以"介绍、评论或者说明某一问题"为目的，同时要注明文献作者、文献名称和出处。要注意文内引文的处理，使读者在阅读时能将被引用作品与"说明、评价作品"明显区别开。如果是直接引用，则须在引文的段首和段尾加注引号以示区别，并著录引文（即参考文献），也可将被引用的部分单独提行，独立成段，并用不同字体或字号加以处理；如果是间接引用（即意引），作者须注意引用部分和自己的说明、评价部分的区别，必须用准确无误的文字予以说明，并在引文结尾处加注引文序号。

（二）伪造和篡改

1. 伪造和篡改的定义

伪造是在科学研究活动中，记录或报告无中生有的数据或实验结果的一种行为。伪造不以实际观察和实验中取得的真实数据为依据，而是按照某种科学假说和理论演绎出的期望值，伪造虚假的观察与实验结果。篡改是在科学研究活动中，操纵实验材料、设备或实验步骤，更改或者省略数据或部分结果使得研究记录不能真实地反映实际情况的一种行为。

2. 伪造和篡改的形式

①伪造实验样品。②伪造论文材料与方法，实际没有进行的实验，无中生有。③伪造和篡改实验数据，伪造虚假的观察与实验结果，故意取舍数据和篡改原始数据，以符合自己期望的研究结论。④虚构发表作品、专利、成果等。⑤伪造履历、论文等。

3. 伪造和篡改行为的危害

伪造和篡改都属于学术造假，其特点是研究成果中提供的材料、方法、数据、推理等方面不符合实际，无法通过重复实验再次取得，有些甚至连原始数据都被删除或丢弃，无法查证。这两种做法是科学研究中最恶劣的行为，因为这直接关系到与某项研究有关的所有人和事的可信性。涉及实验中数据伪造和各种实验条件更改的学术欺骗却并不容易发现，而且调查起来也需要专门人员介入，并要重现实验过程，因而颇有难度。伪造和篡改的发现多是在文章发表一段时间后，实验不能重复或者实验数据相互矛盾，致使专家提出质疑，或是实验室内部人员揭发，才能发现。

科学研究的诚信取决于实验过程和数据记录的真实性。篡改和伪造会引起科学诚信上的严重问题，这使得后继者很难向前开展研究，也会导致许多人在一条"死路"上浪费大量时间、精力和资源。

4. 毕业论文伪造和篡改承担的责任

伪造和篡改将受到与抄袭和剽窃同样的惩处，同时对论文作假者的指导教师、学校等也将面临处罚。

学位论文学术失范的代价是沉重的。毕业论文写作不是一朝一夕的，任何急功近利、心浮气躁、弄虚作假注定与学术研究无缘，学生应该排除干扰，潜心研究，以求真、求实的科学精神为核心，刻苦钻研，交出自己的成果报告。

第7章 毕业论文的答辩

当毕业论文经过选题、设计、写作等一系列环节完成论文的书写时，如何判断、分析和评价毕业论文的质量，毕业论文的答辩则是评判毕业论文质量的必备环节，是针对即将毕业的学生而设置的一个重要检测环节，是对学生学业水平和综合能力的检验。其主要内容包括毕业论文答辩的目的和意义、答辩的要求和程序、答辩的准备和应对、答辩效果的评价方式和要求及论文成绩终评标准和评定方法。学生进行毕业论文答辩时，首先要明确什么是论文答辩，为什么进行论文答辩。知晓论文答辩的要求，熟悉答辩的程序，以便在论文答辩前做好充足的准备，保证答辩的顺利进行，并取得良好的答辩成绩。

第1节 毕业论文答辩的特征、目的和意义

毕业论文答辩是高等职业院校设置的一种对学生学术水平和毕业论文质量考核的方式，是学生围绕所学专业进行研究、写作，在学生完成论文写作、指导教师完成论文评阅后，由学校或者学校委托的各二级院系组织的答辩委员会（或答辩小组）教师和学生在规定时间和指定地点进行，学生讲述所研究内容，教师针对学生所讲内容进行相关提问，学生当面回答问题，以此方式对学生的综合能力进行考核。

答辩是辩论的一种形式，辩论按进行形式不同，分为竞赛式辩论、对话式辩论和问答式辩论。答辩即问答式辩论，通常通过"问""答""辩"的形式进行。一般是院系根据一定的标准设立答辩委员会，该委员会则由教师和相关行业专家组成。在整个答辩过程中，答辩老师处于主导地位，学生处于被动地位。毕业论文答辩过程中，"问""答"是教师与学生针对毕业论文内容的完成情况进行考核的方式，"辩"是在教师提问、学生回答的过程中，出现观点相左或存在有争议性的问题时进行的辩论，这时也应该辩论。"辩"是答辩过程中教师深入了解学生回答问题的辅助手段。

一、毕业论文答辩的特征

答辩就是问答式辩论的简称。与竞赛式辩论相比，论文答辩具备以下几个特征。

（一）答辩委员会成员具备双重身份

论文答辩要做出评判，但它并没有特设的裁判员来评判，而是由参加答辩会的答辩委员会成员或答辩小组对答辩者的论文和答辩情况做出评价。由此可知，在毕业论文答辩会上，答辩教师具有双重身份：既是辩论员，又是裁判员。我们知道，有的指导教师也可能是答辩委员会的成员，从指导学生论文层面而言，因论文中某些观点导致意见相左，或者某些问题答案不明确，指导教师也是被检查的对象，有时也可能会引起一些争论。

（二）答辩的不对等性

毕业论文答辩组成的双方人数是不平等的，学生作为答辩者参加答辩会，在答辩过程中只有 1 个人，答辩委员会成员或答辩小组，通常人数为 3～7 人，在参加人数上存在不对等性。另外，答辩委员会成员或答辩小组对论文进行审查，是处于主动地位的，而参加答辩的学生则始终是被审查的，是处于被动地位的，而且从理论知识、专业技能、人生阅历等方面存在较大差异。

（三）答辩的程序化和准备范围的广泛性

在论文答辩过程中，学生首先简要的叙述毕业论文的内容，这个过程通常需要 10～15 分钟（因学生的层次不同而异）。答辩委员会成员或答辩小组通过学生的叙述，了解学生撰写论文的内容和对论文整体的把握情况，考查学生掌握理论知识的情况，发现、分析和解决问题的能力。之后进行现场答辩。为了顺利通过答辩，学生在答辩前需要做好充分准备。毕业论文答辩会上提问的问题是由答辩委员会根据学生提供的论文拟定的，答辩的问题一般是 3～5 个，对于答辩者而言，答辩委员会拟定的问题题目是保密的。在答辩教师提出问题后，一般会有两种情况：一种情况是让学生独立准备半小时，然后再当场回答；另一种情况是即兴答辩，一般 10 分钟左右，不给学生准备的时间，在答辩教师提出问题后，学生当即进行回答。虽然学生在论文答辩前做了大量准备工作，但针对答辩会上提出的问题未必会全部准备到位，只能根据自己的论文进行相关的准备。最后，答辩小组结合学生现场答辩情况评定答辩成绩。

（四）表达方式以问答为主，以辩论为辅

论文答辩一般是以问答的形式进行，由答辩委员会成员或者答辩小组提出问题，学生做出回答。在问与答的过程中，有时也会出现作者与答辩委员会成员的观点相左的情况，这时会进行辩论，尤其是学生有充分的论据，且论点正确。总体而言，论文答辩是以问答的形式为主，以不同观点的辩论为辅。

二、毕业论文答辩的目的

论文答辩不只是一种简单的审查形式和过程。其目的对于校方和答辩者是不同的。校方组织论文答辩的目的是通过这种形式进一步考查学生学习、运用专业知识的水平，运用专业技能发现问题、分析和解决问题的能力，学生对专业知识掌握的深度和广度；审查论文是否为学生自己独立完成，鉴定论文的真伪等情况。

首先，考查学生知识的掌握情况。从学生所提交的毕业论文本身，基本能反映出学生对自己所写论文专业方向的认识程度和论证能力。其原因可能是对知识认知的局限性，也可能是篇幅的制约，或是深入研究的毅力欠缺，抑或者对所选领域知识高度的欠缺等。针对这些问题，通过毕业论文答辩能够弄清楚学生是属于何种情况，进而督促学生对所写论文进行再思考，深化对学生所选课题的认识深度和所选专题知识的理解、应用程度。

其次，考查学生对所学知识的应用能力。在论文的答辩过程中，我们不只是通过论文了解学生掌握知识情况，而是考查学生的综合素质和运用所学知识独立分析、解决问题的能力，培养和锻炼进行科学研究的能力，以及对所掌握知识的实际运用能力。通过答辩可以检查出学生对所论述的问题是否具备足够的理论知识支撑、创新性和独特性见解。

最后，严格把关、防微杜渐。高职院校通常是一个教师大约指导 5 名学生设计毕业论文，这样很难做到没有疏漏，通过答辩可以暴露这种现象，从而对论文的质量在最后环节把关。撰写毕业论文不像其他课程有教师的严格监督。另外，近些年做兼职的学生多了，沉迷于网络游戏的大学生也不在少数，但是在学习中他们却不像对待游戏那般勤劳。他们的精力已不在学习上，或是社会发展使然，抑或是教育迫切需要改革，在即将上交毕业论文的时候总有个别学生仍然写不出来，于是拼拼凑凑凑、洋洋洒洒很快出炉一篇论文，随即上交。因此，论文应严格把关，加强论文真实性的审查力度，遏制不正之风，端正学术风气，净化学术之地，做到防微杜渐。

对于学生而言，毕业论文答辩的目的很明确，即通过答辩取得毕业证书。学生要顺利通过毕业论文答辩，就必须了解毕业论文答辩的目的，有针对性地做好准备，搞懂论文中的相关问题并深入研究，准确把握论文中提到的基本理论知识，吃透论文的基本观点。对于学校而言，答辩是实现学校审查毕业论文质量、检验论文的真实性，考查学生的理论知识、随机应变能力和表达能力的方法之一。学生了解毕业论文答辩的目的，不仅可以强化学生对研究内容的理解，还可以帮助学生发现毕业论文中的不足。

三、毕业论文答辩的意义

毕业论文答辩是学生完成学业的必修科目。撰写论文、参与答辩，是完成学业的两个重要环节。通过答辩固然是大学毕业生参加毕业论文答辩的目标。但对毕业论文答辩意义的认识和所持的积极态度才是至关重要的。毕业论文的答辩既是专业学术领域的交流，也是论文本身升华的关键。只有充分认识到毕业论文答辩的意义才会积极的、全身心地投入到毕业论文答辩前的准备工作中。

（一）毕业论文答辩是答辩者自我论文认知和向答辩教师学习的重要途径

答辩小组一般由 3 ~ 7 名教师组成，每个教师的选择点和提问题的出发点不同，通过答辩过程中问题的提出，相当于对论文进行一次全方位的审查，有利于论文的修改和完善。因此，毕业论文的答辩过程可以使论文更加完善。

答辩委员会的教师都是专业学者，具有丰厚的专业知识和高水平的专业技能，具有丰富的实践经验和科研能力。教师的提问、建议和意见为学生提供全新的视角，有可能使困扰很长时间的问题迎刃而解。或者通过教师的点拨，学生能够清晰地认识到自己论文在某些方面有欠缺和存在不足，知道了自己的弱项和论文中的各种问题，懂得如何去改进。从各种答辩的事例中看到，论文答辩的过程既是学生自我论文重新认识的过程，也是向答辩教师学习的重要途径。从答辩到论文的修改到论文的至臻至美，再到论文具备较高的学术水平和现实应用价值，均得益于答辩过程中教师的提问和指导。

（二）毕业论文答辩是增长知识、交流信息、自我锻炼和自我展示的过程

为能顺利通过论文答辩，学生会在答辩前进行积极的准备，无论是从论文的框架、论点，还是以论文的主题部分或结论部分，都会进行认真的斟酌、推敲，仔细审查论文中的论据是否充分、是否可以支撑结论。如果发现一些问题，就会查阅大量资料，进行论文的修

改。这种检查、不断修改论文的过程是积累、增长知识的过程。

在答辩过程中，答辩委员会教师针对论文中存在的某些问题给出自己的观点，或者给予一些建议，学生在这个过程中可以获得新的知识或得到启发。毕业论文答辩对于学生而言，绝大多数在此之前并未参与过，不乏一些学生因此而紧张。毕业论文答辩对于即将毕业的大学生是一次很好的锻炼机会，也为今后自身的发展奠定了良好的基础。

（三）毕业论文答辩是师生学术交流的平台

从某种程度而言，毕业论文答辩是师生的双向交流。答辩的过程是师生在学术见解方面交流的过程。学业有专攻，在某一学术领域，答辩委员会的教师可能涉足不深，也可能是该学术领域的专家，但不是所有的领域都有深入的研究，如某一学生的论文比较有新意和独到的见解，在这个学生答辩的过程中，对于答辩教师而言，也会受到某种启发。当学员的论文研究内容不够清晰，结论不够明朗，答辩老师给予指点迷津，指导学生掌握科学的研究方法，从科研的角度帮助学进行总结。学生也能从中受到启发，最终达到双方学术交流的目的。

总之，毕业论文答辩的目的是对学生毕业论文和综合能力的审查。答辩的过程不仅使学生的论文得到了检验，而且对于学生本人也是一种锻炼，增强了学生自信心，强化了学生的论文写作能力和辩论能力，开阔了视野，增强了学识才干，为今后走上工作岗位打下了坚实的基础。每一位即将毕业的学生，不仅要写好自己的毕业论文，还应认真做好毕业答辩工作，为自己的大学生活画上圆满的句号，为自己的母校交一份圆满的答卷。

第 2 节　答辩的要求和程序

毕业论文答辩既是学生大学期间对专业理论、专业知识和专业技能学习掌握程度的体现，又是学生综合素质的体现。答辩质量的高低直接关系学校教学质量的好坏。因此，论文答辩必须严格按照相关要求和程序进行。

一、答辩的要求

为确保毕业论文答辩的有序进行，在答辩进行之前，必须精心的策划和组织答辩的每一个环节，以保证答辩有效开展。

（一）对学校层面的要求

1. 成立答辩小组，做好人员安排

首先，成立校级、院级领导小组，有效组织答辩工作人员，确保论文答辩工作顺利开展；其次，选配好论文答辩委员会成员，一般是本学科的专家，或者请与本学科相关行业的企业家，通常由 3 ~ 7 人组成；最后，做好答辩小组的人员分工和职称结构，如答辩主持人、答辩委员会主任、答辩教师、答辩秘书等，职称有高级职称、中级职称、助教等不同层次。

2. 做好学生答辩资格审查

在学生进行答辩之前，答辩委员会应对学生进行基本情况（有无违纪现象等），学业成绩是否合格，所修学分是否达到学校要求，是否有论文指导教师签署的同意学生参加答辩的意见书，毕业论文本身的书写情况是否达到答辩要求等。

3. 为答辩学生营造良好的答辩环境

答辩的方式通常是以"问""答""辩"的形式进行。这样的答辩形式加上论文答辩本身就是严肃的专业教学活动，导致学生在无形中会感到紧张，尤其是心理素质不够过硬的学生更容易在答辩过程中出现答非所问或者回答不出等现象。因此，答辩委员会主任或者答辩教师等可用诙谐的语言营造良好的答辩氛围，消除学生的紧张心理，取得良好的答辩效果。

4. 严格按照论文答辩规定进行

论文答辩过程是学校对学生学业考核形式之一，也是老师和学生进行双向交流、学习的过程。在这样一个严肃认真的学术综合交流环境中，要求学生全程参与。

5. 对答辩教师的要求

在论文陈述完毕，教师提问时，答辩教师所提内容一定要以论文为基础，兼顾论文覆盖面和其他相关知识，做到突出关键点，又紧扣主题。针对问题的难易程度，要有一定的难度和深度，但通过学生的思考又能够回答。若在答辩过程中出现意见不一致，则应与学生平等交流。

（二）对答辩学生的要求

答辩学生要想在毕业论文答辩时发挥良好的水平，取得优良的答辩成绩，除了在答辩前做好充足的准备，还应掌握答辩的要领和技巧，以便顺利通过论文答辩。

1. 答辩前预准备

学生参加答辩会，要携带论文的底稿和主要参考资料。以备遇到答辩教师提出问题不能很好回答时用。或者在回答过程中，出现一时语塞、着急，此时翻看资料可以避免尴尬和不必要的慌乱。

不同学校、不同学历层次，存在答辩现场不尽相同的要求，有的是教师提问，学生即刻回答，有的则是一次把所要提的问题全部提出，给予学生不超过半小时的准备时间，然后再回答。针对后者，答辩学生还应带上本子和笔，通过记录，可以减缓内心的紧张，记录答辩教师所提问题的关键，吃透教师所提问的实质，同时还可以记录答辩教师有价值的意见、见解，这样既能很好地完成答辩，又能增长知识。我们都知道，有备无患。做好充分的准备，方显从容。树立自信，沉着冷静，方能取得良好的答辩效果和成绩。

2. 答辩过程

针对主答辩教师所提问题，学生要集中精力、认真倾听，记录问题回答要点，切忌匆忙作答，造成答非所问的尴尬局面。回答过程中，做到思路清晰、层次分明、逻辑性强，回答简明扼要，声音和语速适中。答辩是对学生的考查，如果出现回答不出的问题，不要紧张，平复内心，给自己几秒钟的考虑时间，慎重回答，或者你能回答出与主题相关的少部分内容。如果出现学生的回答不能让答辩教师满意，此时要慎重，短暂思考后回答出少许，答辩教师会及时给予引导，切记狡辩，否则会让人感觉无知又失礼。

有学生会问，答辩过程出现和答辩教师观点不同时可以与之辩论吗？当然可以。当文中的主要观点与主答辩教师的观点不一致时，可以适当出击，与之展开辩论，但态度要谦逊、中肯，不要强词夺理，或者出现急躁的情绪，要以理服人。当遇到教师对论文中的观点提出质疑，甚至予以否定时，不要轻易放弃自己的观点，应根据已掌握的材料和论据用谦逊平和的态度进行辩论，说服教师，也不失为一场好的论文答辩会。对于回答不了的问题，要态度诚恳，坦然告知。

论文答辩的过程也是学术思想交流的过程。答辩者应把它看作向答辩教师、专家学习请教的好时机。因此，在整个答辩过程中，答辩者应自然大方，尊重答辩委员会成员。答辩前，应向教师点头致礼；答辩结束后，应向教师致谢。教师未宣布结束，不要着急离开，或者立即离场，以示对老师和同学的尊重。无论答辩情况如何，都要做到从容、礼貌退场。

3. 答辩结束

学生毕业论文答辩结束后，针对在答辩过程中答辩委员会给予的意见和建议，学生应认真记录，做更进一步的分析、总结。弄清楚在论文写作和答辩过程中自身存在的不足，找出解决问题的办法，明确今后努力的方向，为将来做准备；另外，要认真思索论文答辩会上，答辩教师提出的问题和意见，加深研究，精心修改论文，求得纵深发展，取得更大的成果，使自己在知识上、能力上都有所提高，有所建树。

二、答辩的程序

毕业论文答辩是一种正规的审查形式，具有一定的程序。只有在充分了解答辩程序的前提下，方可有助于我们在答辩前的准备工作中做得更充分。毕业论文答辩程序一般要经历以下几个阶段。

（一）预准备阶段

（1）毕业学生必须在毕业论文答辩会举行前的两周，将经过指导教师审定并签署过意见的论文一式 5 份提交给毕业论文答辩委员会秘书，由答辩秘书在毕业论文答辩当天将论文送至答辩现场，并做好与答辩相关的其他准备工作。

（2）提前将答辩委员会主任、答辩委员会委员、答辩秘书、学生安排在指定的位置就座。

（3）答辩委员会主任在答辩正式开始前，向学生讲明注意事项：

①分别介绍答辩委员会成员的基本情况；

②介绍答辩的具体要求、具体安排和注意事项；

③严谨的场合营造和谐的氛围，鼓励、安抚学生，消除其紧张情绪；

④介绍答辩程序，宣布学生答辩顺序。

（二）答辩阶段

（1）答辩开始后，答辩学生进行自我基本情况介绍，介绍选题目的、研究思路、主要论点、论据和研究结果。在此阶段要求答辩学生主题明确、思路清晰、重点突出。自述报告时间 10～15 分钟。

（2）毕业论文答辩通常采用对话的方式进行。在论文陈述结束，答辩委员会主答辩教师提出问题，学生进行回答、答辩秘书详细记录。主辩教师对专科生提 2～4 个问题，对本科生提 3～5 个问题。在学生回答问题的过程中，答辩委员会其他成员可随时插问，并针对学生的论文质量、回答问题的情况给予评价、补充，或者指出存在的问题与不足。如果学生答辩过程中，实在有回答不了的问题，不必遮掩，坦然面对自己的不足，如实相告便是更好的态度。

（三）论文评定阶段

学生回答完所有问题后退场等候，答辩全部结束后，答辩委员会委员为每个答辩学生进行打分，答辩委员会则根据学生论文质量、学生答辩情况，采用集体讨论的方式商讨论文是否通过，拟定成绩和评语，并上报领导小组。

（四）宣布阶段

领导小组针对学生的答辩成绩进行复议，如无异议则向学生宣布论文"通过"与"不通过"的结果，具体成绩待院系审核后再进行公布。对答辩不能通过的学生，提出修改意见，允许学生在规定的时间内另行答辩。

（五）资料完善阶段

（1）针对上述答辩过程中"提问要点"和"答辩要点"，答辩秘书要详细填写《学生毕业论文答辩成绩评定表》，以备查。如果填写不认真，便不能如实反映学生答辩的实际情况，则会对学生的成绩评定遗留不必要的麻烦。

（2）当答辩秘书对《学生毕业论文答辩成绩评定表》填写完毕后，请答辩委员会相关成员签名，并请相关负责人签名。

（3）按照学校要求对学生答辩相关文件进行汇总、装订、上交、存档。

第3节　答辩的准备

毕业论文的答辩过程，人们通常认为答辩只不过是临场发挥，不需要做准备，其实不然。想要顺利通过答辩，必须做好答辩前的准备工作，这对答辩本身而言至关重要。

一、校方的准备

论文答辩之前，学校应做好答辩前的组织工作。此项工作主要涵盖学生参加毕业论文答辩资格的审查、答辩组织委员会成员的确定、拟定毕业论文成绩评定标准、布置答辩会场等。

（一）学生参加毕业论文答辩资格的审查

参加毕业论文答辩的学生应具备以下3个条件。

（1）已修完高等学校规定的全部课程的应届毕业生；符合学校相关规定并经过校方批准同意的上一届学生。

（2）修完学校规定的全部课程；学分达到学校规定要求的学生。

（3）学生的毕业论文必须经过指导教师的指导并有指导教师签署同意参加答辩的意见，方可参加毕业论文答辩。

同时具备上述3个条件的大学生，才有资格参加毕业论文答辩。规定要进行论文答辩的除了个别有特殊情况经过批准者外，只有经过答辩并获得通过才准予毕业。

（二）组织答辩委员会或答辩小组

要想顺利完成毕业论文答辩工作，必须成立答辩委员会或答辩小组。明确答辩委员会成员的分工，明确毕业论文答辩程序，明确答辩教师的职责和答辩活动内容。答辩委员会负责审查、评价毕业论文、审定毕业论文成绩等。

答辩委员会由学校或学校委托二级院系统一组织。答辩委员会一般由 3~7 人组成，其中至少应有 2 人具有高级或中级职称，从中确定一位学术水平较高的委员担任主任委员，负责答辩委员会会议的安排工作。

（三）拟定毕业论文成绩标准

确定答辩成绩是毕业论文答辩中的最后一个环节，对于学生而言，是对学生学业的有效评价。答辩学生成绩的评定是答辩委员会依据评分原则或评分标准对毕业论文、学生的答辩情况进行评定。但要注意优秀和不合格论文的论证工作。

毕业论文的成绩，一般分为 5 个档次，分别为优秀（90~100 分，含 90 分）、良好（80~89 分，含 80 分）、中等（70~79 分，含 70 分）、及格（60~69，含 60 分）分、不及格（60 分以下）。

（四）布置答辩会场

毕业论文答辩工作是一件严肃的工作，毕业论文答辩过程是师生进行学习和学术交流探讨的过程，而论文答辩会场的布置直接影响论文答辩会的质量和效果。因此，营造严谨、活泼的答辩环境对于学校和学生都至关重要，我们必须重视。

二、答辩委员会的准备

进行毕业论文答辩必须成立答辩委员会。答辩委员会负责公正评价学生论文，鉴定学生成绩。答辩委员会成立以后，一般会在答辩会举行前两周内把要答辩的论文分送到答辩委员会各个成员手里，接到论文的答辩委员会成员认真审读每一篇论文，根据论文成绩评阅标准评出论文成绩。

在答辩过程中，学生最关心的是教师会提哪些问题，这些问题难吗，我能回答出来吗。其实，答辩教师所提出的问题是根据论文所涉专业知识学术范围内的问题，基本不会提出与论文内容无关系的问题。主答辩教师一般会从毕业论文的真实性、毕业论文的写作水平、毕业论文的不足等方面提出问题。

（1）毕业论文的真实性。主要是验证毕业论文是否为学生自己所写，或者是抄袭他人的，抑或是他人代笔之作。

（2）论文的写作水平。主要是根据毕业论文的主要内容判断学生水平的高低，根据论文中涉及的概念、实验原理、专业基础知识的掌握、所设知识的广度和深度等。

（3）毕业论文中的不足之处。主要是论文中存在的薄弱环节，如叙述模糊、不准确、相互矛盾等，主辩教师会针对这些问题请作者在答辩中补充说明、做出解释。

三、答辩者的准备

做好毕业论文答辩工作，除了学校、答辩委员会、答辩委员做好准备之外，答辩学生在答辩前的准备更加重要。想要取得好的答辩效果，最关键的是答辩学生的准备。当学生已提交论文并通过资格审查后，则应积极准备论文答辩事宜，具体应从以下几个方面着手准备。

（1）做好心理准备，提前写好论文报告简介。具体包括论文的题目，指导教师姓名，论文选题的背景，论文的框架，论点、论据，论文创新和不足之处。同时，做好心理准备，克服紧张情绪。答辩不是走过场，应端正态度，做到思想上重视，行动上落实。此时注意，应清楚知晓答辩时间和答辩地点的安排。

（2）熟悉论文内容，明确论文结构。答辩不同于平时的考试，但也要"备考"。答辩的内容主要是围绕论文进行。因此，要熟悉论文的框架结构，论文的主题观点、论据、结论等，弄懂吃透论文中涉及的概念，所运用的基本原理。对论文内容进行仔细审查，发现可能存在的问题，查阅资料，找出可靠的材料进行补充、修正，反复推敲。在答辩过程中，做到胸有成竹、临阵不慌。

（3）了解论文研究方向的前沿知识。知道自己论文所研究的课题目前已进展到什么程度。在查阅参考资料时，清楚自己的论文内容是否已有人开展研究，研究到什么阶段。掌握这些知识、材料，利于答辩的顺利进行。做到在答辩过程中从容应对。

第4节　答辩效果的评价方式和要求

毕业论文答辩教师根据毕业论文答辩的客观过程，学生论文的实际答辩情况、国家和学校关于毕业论文答辩的有关规定等来决定答辩效果的评价方式、内容和要求。

一、答辩效果的评价方式

（1）论点的准确性和知识的全面性。论点的准确性是毕业论文答辩的基本要求，但论文中有些内容知识丰富，专业涉及范围广泛，很可能和很多学科都有连接，如脑科学等。由此体现出论文答辩的全面性。要客观地评价答辩效果，必须从论点的准确性和知识层次的全面性进行综合考虑。

（2）理论和实践的应用。学生在进行毕业论文答辩时，通常会从理论知识、实验原理及实际应用层面对教师所提问题进行说明。但在答辩过程中，学生虽然是从专业理论、实验操作原理的角度进行论述，但回答的内容却未突出重点，有时缺乏实践支撑；有时学生虽然能从实践操作的角度进行回答，但又缺乏对理论的概括和延伸，造成实践和理论的严重脱节。所以，在对答辩效果进行评价时，必须从理论知识、实践操作层面进行全方位的考查。

（3）知识的继承性、资料的借鉴性和创新性。学生毕业论文的写作既要借鉴现有的资料，也要在现有资料的基础上进行突破，继承性的发展、创新。主要体现在学生对现有材料的理解，通过现有材料去丰富论文内容。除此之外，还体现在学生本身通过科学的方法对实验、研究内容进行创新。所以，在对毕业论文答辩效果评价时，必须从知识的继承性、资料的借鉴性和创新性进行考查。

二、答辩效果的评价要求

（1）从学生的论文和答辩过程的表现判断论文的真伪。根据学生在答辩过程中的自我介绍、选题目的、回答问题考虑时间、参考资料等的方面判断论文的真伪。在答辩过程中，从答辩的流畅性、逻辑性、问题的支撑论据等方面进行论文真伪的判定。

（2）根据学生在答辩过程中回答问题的内容、学生的自我展示能力做出客观评价。首先，学生在回答问题的时候，答辩秘书应详细的记录。然后对学生回答的内容进行审核、评价，并对学生回答的内容进行评论。其次，根据学生在答辩过程中表现出的对理论知识水平、政策水平的掌握情况，对现实问题的解决能力，对理论的延伸和创造能力，体现学生的自我展示能力。由此可见，学生在答辩时对知识的掌握、运用和自我展示能力等可作为答辩效果的评价依据。

（3）在学生论文答辩过程中，如果学生的论文或者问题的回答中存在错误或不足之处，教师应当场指出。如果存在争议，不要轻易地下结论，而应依据相应的规定、标准或者公认的观点对学生的回答进行判断。

第 5 节 论文成绩终评标准和方法

学校是培养人才的场所，教学质量是学校的生命线，教学质量的高低直接关系到学校的生存与发展。毕业论文质量则是学校教学质量的重要组成部分。毕业论文的质量评定是监测教学质量的重要环节之一，也是学生运用本学科专业基本理论知识和基本技能的重要体现。制定行之有效的论文评估标准和评定办法对进一步促进教学改革，提高教学质量，提升培养高质量人才水平等具有重要的现实意义。

为保障毕业论文质量，按教育部《关于加强毕业论文（设计）工作》的要求和《普通高等学校本科教学工作水平评估方案》标准，必须建立切实可行的论文成绩终评标准和评价方法，以确实提高学生毕业论文质量。

毕业论文成绩的评定方法有两种，一是五级制，二是百分制。

一、论文成绩终评标准

毕业论文答辩以后，答辩委员会要根据毕业论文及作者的答辩情况，评定论文成绩。为了使评分宽严适度，大体平衡，学校应事先制定一个共同遵循的评分原则或评分标准。

毕业论文成绩的评定，一般采用五级制计分，分为优秀、良好、中等、及格和不及格 5 个档次。其中优秀比例一般不超过 15%，不及格率一般不超过 5%。

当毕业论文完成以后，通过审阅、评阅和答辩环节，由指导教师、评阅人分别写出评语，在毕业答辩结束后，再由答辩小组及时综合审评，写出评语，报答辩委员会最终审定。毕业论文的成绩，一般采用分"模块分"综合评定，由指导教师的审阅分、评阅人的评阅分、答辩小组的答辩分按相应比例组成。在评定毕业论文的时候，要特别注意学生运用综合应用基本理论的能力、专业技能分析、解决实际问题的能力，毕业论文的设计研究方案、设计内容的可信度、科学态度和作风、理论意义和实践应用价值。评定成绩既要考虑毕业论文，也要考虑学生在撰写论文、设计研究过程中的表现，进而全面衡量学生的真实水平，切忌不可根据印象及指导教师的职称、地位、水平等决定学生的毕业论文和毕业设计成绩。

（一）优秀的基本标准（格式）

（1）学习积极主动，工作认真努力，学习态度严谨，严格遵守纪律，平时表现好。

（2）能够认真独立地完成毕业论文的书写，论文设计方案合理，有独特的见解，有新意，有较高的学术价值和较强的应用价值。能够熟练运用所学知识进行毕业论文设计。在毕业论文开展的过程中，能够认真地完成资料的查阅及问题的分析与解决，并在某些方向或者领域有自己独到的见解。

（3）针对论文主题，能够做到论点正确、论据充分，做到理论有效指导实践，实践又进一步验证和延伸理论，在论文的书写、实验阶段能够独立完成，做到科学严谨。

（4）毕业论文应符合要求，做到论文结构完整、层次分明、条理清晰、逻辑性强、概念明确，文字通俗易懂、论述充分，符合论文书写规范。

（5）在答辩过程中，思路清晰，论述清晰，论点正确，回答问题时，事实根据充足，对主要问题回答准确，口齿清晰、流利。

（二）良好的基本标准

（1）工作比较努力，学习态度比较认真，能够遵守纪律，按时完成各项工作，平时表现良好。

（2）能独立完成毕业论文的书写任务，能够较好地运用所学知识，能有解决论文撰写过程中遇到的问题，结论有一定的新意。

（3）理论正确，材料丰富，论据充足有力，结论合理。科研作风良好，有一定的科研水平和独立工作的能力。

（4）毕业论文和毕业论文设计结构完整，有条理，语言顺畅，符合论文要求。

（5）答辩思路清晰，论点基本正确，能够正确回答问题。

（三）中等的基本标准

（1）工作努力，表现一般，对于文献资料能分析整理各类信息，遵守组织纪律，基本按期完成各项工作。

（2）基本能独立完成论文，基本能运用所学知识开展毕业论文答辩，有分析解决问题的能力。

（3）理论正确，材料充足，能合理论证问题，结论正确。科研作风良好，科研水平一般，有一定的独立工作的能力。

（4）毕业论文结构完整，有一定层次性，内容基本正确，但个别论述模糊，基本符合论文要求。但论文质量一般。

（5）答辩时基本能够正确回答问题，无原则性错误。

（四）及格的基本标准

（1）工作态度和工作表现一般，学习态度尚可。论文在指导教师的帮助下，能够在规定的时间内完成任务，独立性差，对于基础理论和专业知识已基本掌握。

（2）论点论据基本成立，论文结构基本完整，整体上基本能达到毕业论文的要求。

（3）毕业论文结构完整，语言通顺，叙述欠缺，在文字、符号方面有一定的小失误。

（4）答辩过程中，对于问题通过提示才能回答，且回答内容浮浅。

（五）不及格的基本标准

凡出现下列情况之一者，其毕业论文可评为不及格。

（1）工作作风不严谨，学习马虎，不能保证设计时间和进度。

（2）在校期间有违纪行为，表现差。

（3）论点无凭无据，文章的结论出现严重的错误。

（4）抄袭，弄虚作假，或者找人代写。

（5）论文中所涉及内容空泛，概念不清，语句不通，格式不符合论文写作要求。

（6）论文答辩中出现原则性错误，提示后仍未纠正。

二、毕业论文成绩终评方法

论文成绩的终评方法是根据论文的质量和论文的答辩水平进行评判。

根据终评标准，对答辩的问题进行量化。通常根据毕业论文的教学要求和质量要求，制定成绩评价体系，确定每一个项目的分值，指导教师和答辩教师根据学生的表现，对每一个项目进行打分，最后合计得出总分。

目前，各个高校都在探索论文成绩的终评办法，通常采用百分制。百分制论文终评体系能够全面考核学生是否达到毕业要求。通常从论文的写作、综合能力、论文的质量 3 个层面进行评定。论文的写作包括学生的态度、项目各项任务的完成情况、选题的质量、开题的质量、文献的查阅等。综合能力包括收集文献的能力，运用知识分析论述的能力，熟练掌握科学方法的运用能力，以及科研过程中，科研材料的收集及数据的处理、加工、分析的能力。论文的质量包括论文的观点正确，论据合理，论文的整体思路清晰，论文表述清晰，语言流畅，论文中涉及的数据、列表、图像等符合论文的规范要求。论文的研究成果具有理论意义和实际应用价值。

（一）对学生的论文写作进行量化（40%）

（1）在开展毕业论文的所有环节中，学生积极主动，认真负责，严守学校纪律和科研规范。

（2）按照学校要求，有效推进论文工作有序进行。

（3）按照教学要求，独立、全面地完成毕业论文各项工作。

（4）按照专业培养目标要求和学科专业特点进行选题。

（5）按照开题要求，符合开题规范，按时完成开题报告。

（6）独立查阅文献，合理归纳文献，合理引用文献。

（二）对学生的综合能力进行量化（20%）

（1）能够合理运用所学知识分析论文相关问题，论据是否具有说服力。

（2）能否运用科学的方法对资料进行收集、加工，并辅助完成论文。

（三）对学生的论文质量进行量化（40%）

（1）论文选题科学，具有特色，理论联系实际。

（2）论文观点鲜明、正确，立意深刻，结构完整。

（3）论文语句流畅，条理清晰，整体思路具有逻辑性。

（4）论文中的语句、数据、资料等的引用符合写作规范。

（5）论文成果的创新性，论文的实际应用价值。

三、教师评语的书写

指导教师评语的书写主要从选题和写作的角度进行评价。

（1）论文写作的态度，文献的查阅情况；论文答辩材料的完整性；论文完成的独立性。

（2）选题是否符合学科要求，选题是否符合专业要求，选题是否具有理论意义和实际应用价值。

（3）选题的主题是否鲜明，论点是否正确，整体思路是否清晰，结构是否完整；研究的资料、数据等是否符合写作规范。

（4）是否能够运用所学知识对课题研究过程中的问题进行分析；观点、论据是否具有说服力；是否能用科学的方法进行统筹、处理研究结果，进而完成论文的各项任务。

（5）论文的成果是否具有一定的创新性，能否对实际工作具有借鉴和指导意义。

四、答辩委员会意见的书写

答辩委员会意见的书写是根据答辩的过程情况进行评议的。

（1）对论文报告情况进行评价。主要根据报告的完整性，主题的突出性，报告内容的组织性，对报告内容的熟练程度，思路清晰性，语言的流畅性。

（2）对学生答辩情况进行评价。主要根据学生答辩的态度，回答问题的情况，观点的合理性，论据的充分性，内容的完整性，整体的逻辑性，语言的流畅性，对原文不足的补充情况等。

（3）答辩结论。主要基于对学生进行评价基础上，对答辩学生的答辩情况给予一个基本的结论。主要从答辩过程中学生回答问题的情况进行评价。能够正确完整地回答问题，基本能完整地回答问题，经提示才能回答出问题，经提示仍不能正确回答问题。

附录 A　江苏省普通高等学校本专科优秀毕业论文（设计）评选标准

表 A-1　江苏省普通高等学校本专科优秀毕业论文（设计）评选标准

评价项目	评价要素		评价内涵（优秀级）	评价等级			
				A	B	C	D
选题质量（15分）	01	选题方向和范围（6分）	符合本专业的培养目标，能够达到科学研究和实践能力培养和锻炼的目的				
	02	难易度（4分）	满足专业教学计划中对素质、能力和知识结构的要求，难易适中，工作量适当				
	03	理论意义和实际应用价值（5分）	选题符合本学科专业的发展，符合科技、经济和社会发展的需要，能够理论联系实际，具有一定的科技、应用的参考价值				
能力水平（40分）	04	查阅和应用文献资料能力（10分）	能独立检索中外文献资料，对资料进行分析、综合、归纳等整理，并能对所研究问题的现状进行综述，提出存在的问题或进一步发展的方向				
	05	综合运用知识能力（10分）	能够综合应用所学知识，对课题所研究问题进行分析、论述，研究研究目标明确，内容具体，且具有一定的深度				
	06	研究方法与手段（8分）	熟练运用本专业的方法、手段和工具开展课题的设计和实施工作				
	07	实验技能和实践能力（10分）	论文或设计反映出已掌握了较强的专业技能和研究设计方法，实践能力较强				
	08	计算机应用能力（2分）	能独立操作使用软件或根据课题需要编程、录入和排版				
撰写和规范（30分）	09	内容与写作（16分）	能够完整地反映实际完成的工作，概念清楚，内容正确，数据可靠，结果可信				
	10	结构与水平（7分）	结构严谨，语言通顺，立论正确，论据充分，论证严密，分析深入，结论正确				

续表

评价项目		评价要素	评价内涵（优秀级）	评价等级			
				A	B	C	D
撰写和规范（30分）	11	要求与规范化程度（7分）	符合本校的毕设工作的规范要求，论文中的术语、格式、图表、数据、公式、引用、标注及参考文献均符合规范				
创新与成果（15分）	12	创新意识（7分）	能够在前人工作的基础上，进行科学的分析与综合，提出新问题，探索解决问题的方法、手段有一定的特色或新意，结论有新见解				
	13	成果与成效（8分）	论文有一定的学术价值；有实物作品、实际运行的系统或具有高复杂度的原型系统；已经得到应用或具有应用前景的成果				
团队请增加填写此栏（20分）		协作性（6分）	整个课题能够覆盖本学科专业的重要概念、特有研究方法和手段，易于拆解为有机联系的若干子课题，各个子课题工作量饱满、联系紧密，但又一定的区分度。课题实施过程中团队成员相互之间有实质性协作与配合，能共同设计、研究、实验、交流及共同学习等，能反映较强的合作意识和团队精神				
		组织性（4分）	教师形成指导小组，有分工，并有一定的指导计划和实施团队课题的方案，能保证学生间的相互交流、协作和帮助				
		成效（10分）	各子课题的实验、研究内容、结论等在总体报告中有具体体现或运用，整个课题的总成果是一个自然、有机的整体，整体质量高，成效明显				
专家推荐等级		一等奖（　）二等奖（　）三等奖（　）淘汰（　）					
备注							

江苏农牧科技职业学院

毕业设计 （论文）

题　　　目：　重组禽腺联病毒介导的溶菌酶对临床

　　　　　　　病原菌的抑制作用研究

姓　　　名：　朱　颖

学　　　号：　201011542

二级院系部：　动物医学院

班　　　级：　动医 105 班

专　　　业：　动物医学

指 导 教 师：　王永娟　　　　职　称：　教授

二〇一三年六月

重组禽腺联病毒介导的溶菌酶对临床
病原菌的抑制作用研究

朱　颖

【摘　要】 在前期研究基础上将经过转座获得的重组穿梭质粒 rBacmid-Rep、rBacmid-VP 和 rBacmid-LYZ 共转染 Sf 9 昆虫细胞，产生了表达 hLYZ 的 rAAAV（rAAAV-hLYZ），然后用纯化好的 rAAAV-hLYZ 溶液，在固体培养基平板上对常见病原菌大肠杆菌、金黄色葡萄球菌、枯草杆菌、蜡样芽孢杆菌、白色念珠菌进行体外抑菌活性试验，研究重组禽腺联病毒介导的溶菌酶对临床病原菌的抑制作用。本研究为实现含溶菌酶基因的重组禽腺联病毒的高效表达，进一步探索溶菌酶作为新型兽用生物药物临床应用的可行性和有效性，推动兽药行业的发展，缓解抗生素的滥用导致的耐药及公共安全问题。

【关键词】 重组禽腺联病毒；溶菌酶；病原菌；抑菌作用

Research on inhibition of clinical pathogens by lysozyme delivered by recombinant avian adeno-associated viral vector

【Abstract】 Based on the previous studies, we cotransfected shuttle plasmid rBacmid-Rep、rBacmid-VP and rBacmid-LYZ into insect cell Sf 9 to produce rAAAV-hLYZ. Then purified good rAAAV-hLYZ solution in the solid medium plates against common pathogens Escherichia coli, Staphylococcus aureus, Bacillus subtilis, Bacillus cereus, Candida albicans in vitro antibacterial activity test to study the inhibitory effect of recombinant fowl adenovirus associated virus mediated lysozyme on clinical pathogenic bacteria. In order to achieve high expression containing lysozyme gene recombinant avian adeno-associated virus. In this study, we explore the feasibility of using lysozyme as model animal clinical application of biological agents and effectiveness, promote the development of veterinary drug industry, alleviate the resulting from abuse and public safety problem of antibiotic resistance.

【Key words】 Recombinant Avian Adeno-associated Virus; lysozyme; Pathogenic bacteria; Inhibitory effect

目　录

引　言

溶菌酶（lysozyme，LYZ）是一种天然蛋白质，其化学名称为 N－乙酰胞壁质聚糖水解酶，又称胞壁质酶（muramidase），是一种有效的抗菌剂，其主要作用机制是有效地水解细菌细胞壁的肽聚糖，切断肽聚糖中 N－乙酰葡萄糖胺和 N－乙酰胞壁酸之间的 β－1，4 糖苷键之间的联结，破坏肽聚糖支架，降低细菌细胞壁的稳定性，随后细菌因细胞内外渗透压不平衡而引起细胞破裂、细胞质外泄，最终导致菌体细胞死亡，研究表明，LYZ 不仅对许多革兰氏阳性细菌具有直接的溶菌作用，对革兰氏阴性菌以及一些真菌也有一定的溶解作用，对球虫病发生有一定抵抗能力，对病毒复制也有一定的抑制作用[1,2]。同时，人溶菌酶对人和动物（无细胞壁结构）无毒性，不会出现药物残留带来的公共卫生问题对人体产生不良反应，即使长期使用，也不易产生耐药性[3,4]。

杆状病毒表达体系是 20 世纪 80 年代发展起来的真核基因表达系统，是基因工程中四大表达系统之一。与其他三种表达系统相比，杆状病毒表达系统有以下优点：较高的克隆容量；外源基因表达量较高，最高可达细胞总蛋白的 50%；能对目的蛋白进行修饰、加工和转运，表达的外源蛋白具有很高的生物学活性；相对于其他病毒载体，杆状病毒具有很高的安全性。迄今已经被广发应用于基因工程、药物开发、疫苗生产等方面，已有数百个基因利用此系统得到了高效表达[5-7]。

本试验旨在借助杆状病毒表达系统，将溶菌酶基因在重组禽腺联病毒中高效表达，进一步探索溶菌酶作为新型兽用生物药物临床应用的可行性和有效性，推动兽药行业的发展，缓解抗生素的滥用导致的耐药及公共安全问题。

1　材料与方法

1.1　主要材料

rBacmid-Rep、rBacmid-VP 和 rBacmid-LYZ 重组穿梭载体、Sf 9 昆虫细胞由江苏省兽用生物制药高技术研究重点实验室提供；pfu DNA Polymerase 购自于 Fermentas 公司；大肠杆菌、金黄色葡萄球菌、枯草杆菌、蜡样芽孢杆菌、白色念珠菌为由扬州大学医学院微生物组惠赠的标准菌株；胎牛血清与 SF 900 Ⅱ 培养液购于美国 Gibco 公司。

1.2　昆虫细胞的培养

复苏实验室保存的 Sf 9 细胞，在复苏后培养之初的 24 h 换一次含 10% 胎牛血清的 SF 900 Ⅱ 培养基，3～4 天后细胞长至约 80% 铺满培养瓶壁时，换入 10 mL 新鲜的培养液，无菌吸管轻轻吹打贴壁细胞，使成细胞悬液，每 5 mL 悬液分至一个新的 25 cm^2 培养瓶，27 ℃ 无 CO_2 培养箱中传代培养，3～4 天后继续同法传代培养。至细胞状态良好时准备进行细胞转染。

1.3　rAAAV-LYZ 的制备

将 rBacmid-Rep、rBacmid-VP 和 rBacmid-LYZ 这三种杆粒与转染试剂 PEI 按照一定比例混匀后转染状态良好的 Sf 9 昆虫细胞[8]，27 ℃ 孵育 3 h 后，吸去转染混合物，加入 SF 900 Ⅱ 完全培养基，27 ℃ 继续培养 72～120 h 以上，直至 Sf 9 细胞均出现明显病变时为止，收获细胞，采取反复冻融法（−20 ℃乙醇与 37 ℃水浴）收获细胞上清的重组病毒液 rAAAV-LYZ，−20 ℃保存备用。

1.4 rAAAV-LYZ 的鉴定

取 rAAAV-LYZ 病毒液 1 mL，加入 1/10 体积 10×病毒裂解液（500 mM Tris，200 mM EDTA，5% SDS）和 200 μg/mL 蛋白酶 K，45 ℃消化 2 h 后用等体积苯酚∶氯仿混合物抽提一次，上清加入 2.5 倍体积无水乙醇沉淀，12000 r/min 离心 15 min，沉淀用 30 μL 去离子水溶解，紫外分光光度计测定其浓度及纯度 OD260/OD280。

以提取的 rAAAV 基因组 DNA 为模板，Rep52 的正反向引物为引物（Rep52-F：5′-CTAGTCGACATGGAGCTCGTGGATTGGCTC-′3 Rep52-R：5′-CTAGCGGCCGCTCAGCCGCAGC-GTTGACTCCC-′3），进行 rAAAV-LYZ 中 Rep 基因的 PCR 检测。50 μL PCR 反应体系为 5 μL 10×缓冲液、2 μL 基因组、15 pmol 正、反向引物、2.5 U DNA Polymerase；反应条件为 95 ℃（94 ℃×1 min→55 ℃×45 s→72 ℃×1 min 30 s）×30→72 ℃ 10 min。反应结束后进行 0.8% 琼脂糖凝胶电泳分析。

1.5 rAAAV-LYZ 对临床病原菌的抑菌试验

将纯化好的 rAAAV-hLYZ 溶液 25 μL（病毒约为 7.2×10^{10} v. g），在固体培养基平板上对常见病原菌：大肠杆菌、金黄色葡萄球菌、枯草杆菌、蜡样芽孢杆菌、白色念珠菌进行体外抑菌活性试验，24 h 后观察抑菌圈的大小。

2 结果

2.1 rAAAV-hLYZ 的制备与鉴定

在 rBacmid-Rep、rBacmid-VP 和 rBacmid-LYZ 转染后 3 天，可见细胞生长速度明显减慢、形态发生明显变化（图 1），由此可推测上述三质粒转染 Sf 9 昆虫细胞，产生了表达 hLYZ 的 r AAAV（r AAAV-hLYZ）。

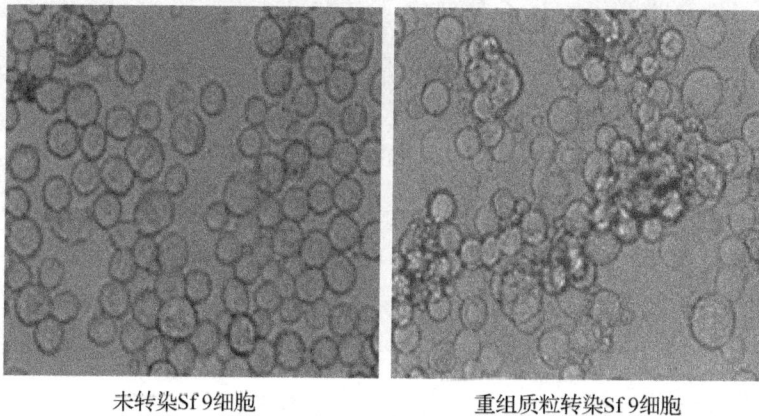

未转染Sf 9细胞　　　　　　　　重组质粒转染Sf 9细胞

图 1　重组质粒转染与未转染 sf 9 细胞的形态

Fig. 1　morphology of the nor sfmal and recombinant vectors-transfected sf 9 cells

以提取的 rAAAV-LYZ 基因组为模板，通过 PCR 方法检测重组病毒中 Rep 基因的表达情况，结果可见预期大小（约 1500 bp）的特异条带（图 2）。

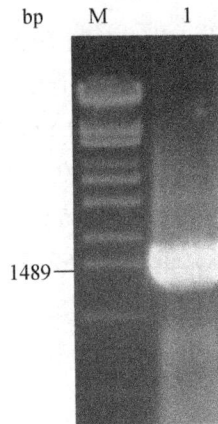

图 2　rAAAV-LYZ 中 Rep52 基因 PCR 检测

Fig. 2　Detection of Rep52 gene in rAAAV-LYZ by PCR

M：λDNA/Eco 1301 marker；1：Rep52 基因扩增产物

M：λDNA/Eco 1301 marker；1：PCR product of Rep52

2.2　rAAAV-LYZ 对临床病原菌的抑菌试验结果

平板抑菌试验结果显示，纯化好的 rAAAV-hLYZ 对大肠杆菌、金黄色葡萄球菌、枯草杆菌、蜡样芽孢杆菌均有抑制作用，抑菌圈分别为 20 mm、20 mm、17 mm 和 16 mm；对白色念珠菌抑菌圈为 14 mm，结果如图 3 所示。

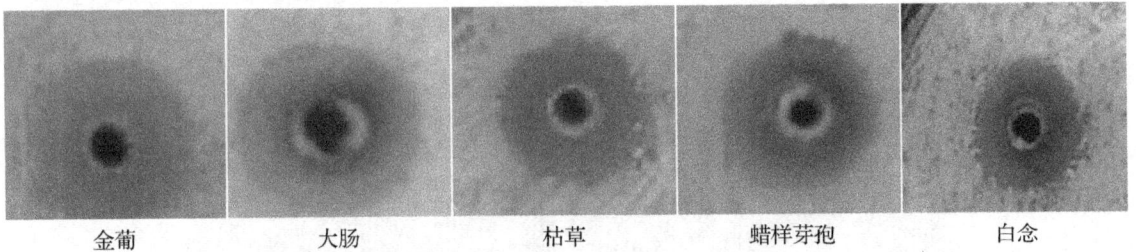

金葡　　　　　　大肠　　　　　　枯草　　　　　蜡样芽孢　　　　　白念

图 3　rAAAV-LYZ 对常见病原菌的抑菌试验

Fig. 3　In vitro bacteriostasis of rAAAV-LY2 on common pathogenic bacteria

3　讨论

实验结果表明，我们所构建的昆虫细胞生产重组禽腺联病毒表达体系表达的外源基因 hLYZ 能对常见病原菌产生抑制作用，有望进一步实现重组溶菌酶的大量生产与开发利用，为 rAAAV 介导的输卵管生物反应器的进一步研究奠定了基础，具有重要的应用价值。

禽腺联病毒（avian adeno-associated virus，AAAV）于 1973 年由 Yates V 等人首次报道，

AAAV 的理化性质、基因组结构等与 AAV 基本相似，具有对宿主无致病性、免疫原性低、外源基因表达稳定以及感染细胞类型多等优点，提示可作为有潜力的重组病毒载体开发应用。目前禽类也已经分离到两种血清型腺联病毒并也已经完成序列测定[9,10]，国内王建业等人也报道分离到一株血清型禽腺联病毒并进行了测序[11]。本实验室前期也开展了利用三质粒制备 rAAAV，并以此作为载体传递 hKLK1 及 miRNA，获得了长期高效的表达[12-14]。但是三质粒法制备 rAAAV 滴度较低，限制了其进一步开发应用。

　　本实验基于已有的杆状病毒表达系统、AAAV 和 hLYZ 的研究基础，充分结合两个表达系统的优势，表达外源基因 hLYZ，最终突破以往 rAAAV 滴度难以提高的瓶颈，开发一种产生高滴度 rAAAV 的新方法，比传统三质粒转染真核细胞获得的重组病毒滴度高了近 10 倍；更重要的是实现药用基因溶菌酶的高效表达，并进一步探索溶菌酶作为新型兽用生物药物临床应用的可行性和有效性，推动兽药行业的发展，缓解抗生素的滥用导致的耐药及公共安全问题。并为其在医药、化妆品、食品防腐和保鲜剂、食品和饲料添加剂等方面的进一步应用打下良好的理论和实验基础。

参考文献

[1] Alexander J, Albreeht E S, Manuel, et al. Exon encode functional and structural units of chicken lysozyme [J]. Proc Natl Acad Sei USA, 1980, 77 (10)：5759 - 5763.

[2] 权志中，余荣. 溶菌酶在动物生产中的应用研究进展 [J]. 新饲料，2007 (5)：22 - 24.

[3] Shigeru M, Masato K, Masanori N, et al. Secretion of active human lysozyme by Acremonium chrysogenum using a Fusarium alkaline protease promoter system [J]. J Biotech, 1995 (42)：1 - 8.

[4] 刘仲敏，何伯安. 溶菌酶及其在食品工业中的应用 [J]. 食品与发酵工业，2005，2 (5)：33 - 36.

[5] Shrestha B C, Smee, Gileadi O. Baculovirus expression vector system: an emerging host for high-throughput eukaryotic protein expression [J]. Methods Mol Biol, 2008, 439：269 - 289.

[6] Hu Z L, Wang W B, Zhu J, et al. Construction of a baculovirus transfer vector and expression of baculovirus-mediated gfp gene in larvae of Spodoptera Litura [J]. Sheng Wu Gong Cheng Xue Bao, 2005, 21 (4)：530 - 533.

[7] Ji W J, Zhang X Y, Hu H C, et al. Expression and purification of Huwentoxin-I in baculovirus system [J]. Protein Expres Purif, 2005, 41：454 - 458.

[8] Conway J E, Zolotukhin S, Muzyczka N, et al. Recombinant adeno-associated virus type 2 replication and packaging is entirely supported by a herpes simplex virus type Ⅰ amplicon expressing rep and cap [J]. J Virol, 1997, 71：8780 - 8789.

[9] Bossis I, Chiorin J A. Cloning of an avian adeno-associated virus (AAAV) and generation of recombinant AAAV particles [J]. J Virol, 2003, 77 (12)：6799 - 6810.

[10] Estevez C, Villegsa P. Sequence analysis, viral rescue from infectious clones and generation of recombinant virions of the avian adeno-associated virus [J]. Virus Research, 2004, 105：195 - 208.

[11] Wang Jianye, Zhu Liqian, Zhu Jun, et al. Molecular characterization and phylogenetic analysis of an avian adeno-associated virus originating from a chicken in China [J]. Arch Virol, 2011, 156：71 - 77.

[12] 王安平，孙怀昌，王建业，等. 表达绿色荧光蛋白报告基因重组禽腺联病毒的构建与鉴定 [J]. 病毒学报，2007，23 (4)：292 - 297.

［13］ Wang A P, Sun H C, Wang J Y, et al. Recombinant avian adeno-associated virus-mediated oviduct-specific expression of recombinant human tissue kallikrein ［J］. Poultry Science, 2008, 87: 777 – 782.

［14］ Sun H C, Wang Y J, Shen Pengpeng, et al. Effective inhibition of infectious bursal disease virus replication by recombinant avian adeno-associated virus-delivered microRNAs ［J］. Journal of General Virology, 2009, 90: 1417 – 1419.

附录 C 文献类型和电子文献载体标识代码

一、文献类型和标识代码

表 C-1 文献类型和标识代码

文献类型	标识代码
普通图书	M
会议录	C
汇编	G
报纸	N
期刊	J
学位论文	D
报告	R
标准	S
专利	P
数据库	DB
计算机程序	CP
电子公告	EB
档案	A
舆图	CM
数据集	DS
其他	Z

二、电子文献载体和标识代码

表 C-2 载体类型和标识代码

载体类型	标识代码
磁带（magnetic tape）	MT
磁盘（disk）	DK
光盘（CD-ROM）	CD
联机网络（online）	OL

附录 D 常用单位缩写与换算

一、时间

1 天（d）= 24 小时（h）

1 小时（h）= 60 分钟（min）

1 分（min）= 60 秒（s）

1 秒（s）= 10^3 毫秒（ms）= 10^6 微秒（μs）= 10^9 纳秒（ns）= 10^{12} 皮秒（ps）= 10^{15} 飞秒（fs）

二、长度

1 千米（km）= 10^3 米（m）= 10^4 分米（dm）= 10^5 厘米（cm）= 10^6 毫米（mm）

1 毫米（mm）= 10^3 微米（μm）= 10^6 纳米（nm）

三、质量

1 吨（t）= 10^3 千克（kg）= 10^6 克（g）

1 千克（kg）= 1 公斤（kg）= 10^3 克（g）

1 克（g）= 10^3 毫克（mg）= 10^6 微克（μg）= 10^9 纳克（ng）= 10^{12} 皮克（pg）

四、面积

1 平方千米（km^2）= 100 公顷（hm^2）= 10^5 平方米（m^2）

1 公顷（hm^2）= 15 亩 = 100 公亩 = 1000 平方米（m^2）

五、体积

1 升（L）= 1 立方分米（dm^3）

1 毫升（mL）= 1 立方厘米（cm^3）

1 立方毫米（mm^3）= 1 微升（μL）

1 升（L）= 10^3 毫升（mL）= 10^6 微升（μL）

1 立方米（m^3）= 10^3 升（L）= 10^3 立方分米（dm^3）= 10^6 立方厘米（cm^3）= 10^9 立方毫米（mm^3）

六、常用核酸换算数据

（一）DNA 与表达蛋白之间分子量的换算

1 千碱基（kb）DNA = 333 氨基酸编码容量 ≈ 3.7×10^4 道尔顿（Da）蛋白质

10 000 道尔顿（Da）蛋白质≈270 碱基对（bp）DNA

（二）DNA 碱基数与分子量的换算

DNA 碱基对（bp）的平均分子量 = 650 道尔顿（Da）

双链 DNA 分子的分子量（道尔顿，Da）= 碱基对数目 ×650

（三）质量与绝对数量（mol）之间的换算

1 μg 1000 bp DNA = 1. 52 pmol

1 pmol 1000 bp DNA = 0. 66 μg

七、温度

华氏温度（℉）= 摄氏温度（℃）$\times \dfrac{9}{5} + 32$

摄氏温度（℃）= $\left[\,华氏温度（℉）- 32\,\right] \times \dfrac{5}{9}$

开尔文度（K）= 摄氏温度（℃）+ 273. 15

附录 E　国际六大索引简介

SCI：科学引文索引（Science Citation Index）

由美国科技信息研究所（Institute for Scientific Information，ISI）1961 年创办，挑选了 3300 种核心期刊，为其编制索引并收入 SCI。SCI 所涵盖的学科超过 100 个，主要涉及以下领域：农业、生物及环境科学；工程技术及应用科学；医学与生命科学；物理学及化学；行为科学。所收资料每年以 60 万条新纪录及 900 万条以上引文参照的速度增长，已经成为当代世界最为重要的大型数据库，被列在国际六大著名检索系统之首。它不仅是一部重要的检索工具书，也是科学研究成果评价的一项重要依据，是国际上最具权威性的、用于基础研究和应用基础研究成果的重要评价体系，是评价一个国家、地区、机构、高校，乃至一个期刊及个人学术水平的重要指标之一。

SSCI：社会科学引文索引（Social Science Citation Index）

由美国科学信息研究所创建，是目前世界上可以用来对不同国家不同地区的社会科学论文的数量进行统计分析的大型检索工具，收录全球 1400 种主要的社会科学期刊论文，共涉及 50 种学科领域，具体包括社会科学及行为科学、人类学、考古学、商业、财政、经济、教育、地理历史、图书馆学与情报学、法律、语言、政治、行销、统计、都市发展等。每年平增加 12.5 万条记录，它除了能检索文章被引用的情况外，同时还可以揭示原文中所有的参考文献，并据此获得一批相关文献。

EI：工程索引（Engineering Index）

它是查阅工程技术领域文献的综合性检索工具，1984 年创刊，由美国工程信息中心编辑出版，它囊括世界范围内工程的各个分支学科，如土木工程、能源、环境、地理和生物工程；电气、电子和控制工程；化学、矿业、金属和燃料工程；机械、自动化、核能和航空工程；计算机、人工智能和工业机器人。每年摘录世界工程技术期刊 3000 余种，内容包含会议文献、图书、技术报告、学术论文等，包括了全部工程学科和工程活动领域的研究成果。主要特点是摘录质量较高，检索简便实用。

ISR：科学评论索引（Index to Scientists Reviews）

由美国科学研究情报所于 1974 年创刊，收录世界各国 2700 多种科技期刊及 300 余种专著丛刊中有价值的评述论文。高质量的评述文章能够本学科或某个领域的研究发展概况、研究热点、主攻方向等重要信息，是极为珍贵的参考资料。

A&HCI：艺术与人文科学索引（Arts & Humanities Citation Index）

完整地收录了艺术与人文科学 25 个学科的 1100 多种期刊，还包括 ISI 各个数据库中有关艺术与人文科学方面的其他 7000 种期刊中的内容，其内容涉及各个艺术领域，如视觉、音乐、表演、文学、工艺、历史、宗教等，还有人文科学的各个方面，其主题范围包括考古、建筑、艺术、亚洲研究、古典著作、舞蹈、电影、历史、人文、语言学、文学、音乐、哲学、诗歌、广播、宗教、电视和戏剧等。每年增加 10 万条新纪录。

ISTP：国际会议录索引（Index to Scientific & Technical Proceedings）

由美国科学研究情报所于 1978 年创刊，是重要数据库之一，它专门收录生命科学、物理与化学科学、农业、生命和环境科学、工程技术和应用科学等学科的会议文献，包括一般性会议、座谈会、研究会、讨论会、发表会等的会议文献，所收会议达 1100 多种，涉及学科基本与 SCI 相同。ISTP 收录论文的多少与科技人员参加的重要国际会议多少或提交、发表论文的多少有关，我国科技人员在国外举办的国际会议上发表的论文占收录论文总数的 60% 以上。

参考文献

[1] 朱丹，李家林，何红英，等．科技论文题名的锤炼与优化：功能、尺度及原则的表述和案例实证分析［J］．编辑学报，2007，3（2）：97－99．

[2] 谢述初．关于科技论文的作者署名［J］．编辑学报，1991，3（2）：83－88．

[3] 北京大学．标点符号用法［S］．北京：中国标准出版社，2011．

[4] 王孟宇，宫麒丰．农业科技实用写作［M］．北京：化学工业出版社，2009．

[5] 李兴昌．科技论文标题的编辑加工［J］．编辑学报，1990，2（1）：15．

[6] 李兴昌．科技论文标题的编辑加工［J］．编辑学报，1993，5（1）：19．

[7] 李玉兴，高起元．科技文章写作［M］．北京：冶金工业出版社，1987．

[8] 信息与文献　参考文献著录规则：GB/T 7714—2015［S］．北京：中国标准出版社，2015．

[9] 崔治中，任胜利．如何撰写和编辑英文摘要：全国科技期刊英文编辑培训班讲稿［R］．北京：中国科学技术期刊编辑学会，2015．

[10] 李兴昌．科技书刊标点符号用法解析［M］．北京：清华大学出版社，2015．

[11] 李兴昌．科技论文的规范与表达：写作与编辑［M］．北京：清华大学出版社，2016．

[12] 肖时开，吴汝舟．实用科技论文和科技论文写作［M］．济南：山东人民出版社，2003．

[13] 戴起勋，赵玉涛．科技创新与论文写作［M］．北京：机械工业出版社，2005．

[14] 吴寿林，汤怡蓉．科技论文与学位论文写作［M］．上海：东华大学出版社，2009．

[15] 屠原梓，杨学泉．科技报告的特点及作用［J］．河海大学机械学院学报，1995，2（9）：76－78．

[16] 张力飞．农业科技文章写作［M］．北京：中国农业大学出版社，2016．